中国古代青铜器保护与修复

Conservation and Restoration of Ancient Chinese Bronzes

Series of Authentication and Restoration of Chinese Relics

张珮琛 | 著

上海人民美術出版社

序

上海博物馆自20世纪50年代初建馆始，经积累而庋藏中国古代青铜器不下7000件，名扬海内外。凡风闻上博之名者，多与其所藏器物之富之精之美相关联。要之，上博研究青铜器人才济济，初有蒋公大昕，后推马公承源，并带出一代研究者，成果辉煌，为世瞩目。然伴之而不可或缺之青铜器修复一项亦是高手齐聚，代不乏人，传至今日而不衰也。

张君珮琛司职上海博物馆28载，作为第三代，已是上博修复古铜器之中坚者，并被评为国家级非物质文化遗产“青铜器修复与复制技艺”传承人，其经手夏商周三代重器无数，技艺精湛，乃同行内之佼佼者。

此《中国古代青铜器保护与修复》一书，既是张君珮琛之工作记录，亦是颇为重要之研究成果，现今同类者寥寥无几，实属不易。相信其出版对于系统了解中国古代青铜器修复之读者应是大有裨益也。

是为序。

上海视觉艺术学院

文物保护与修复学院副院长、教授

2021年5月23日

前言

青铜是人类最早使用的合金之一。从采集天然纯铜，到冶炼铜矿石获得纯铜，再到配比合成出青铜合金；从表面无纹饰的素器，到有简单纹饰的实用器，再到结合技术与艺术的国之重器。我们的先人经历了相当漫长而令人惊叹的探索历程，在原始而蛮荒的世界里用它一点点地打造出一个闪亮的吉金时代。它闪耀千年，成为中华文明的重要标志。

早在公元前 18 至公元前 17 世纪，我们的先人就已经铸造出复杂的青铜器来，青铜器被看作是天命、权力、地位的象征与祈求福祉、祭祖保佑的道具。

中国古代青铜器虽然只是彼时诸多工艺作品中很小的一部分，但其具有明显的本土原创性与特征性，已经成为代表中国悠久的文化因子与历史渊源的符号，并对后世相关工艺的发展产生极其深远的影响，在整个人类艺术史进程中具有巨大的影响力。

今天，我们所能见到的商周时期或稍后的青铜器大多经出土而面世，这便有了青铜器的修复与复制技艺传承的新命题。由于宋代金石学带动了这一命题的兴起与发展，并逐渐在不同地域衍生出不同的技术流派，至今方兴未艾。应该说上海博物馆作为第五批国家级非物质文化遗产代表性项目名录的“青铜器修复与复制技艺”是具有显著的地域特点的。早在新中国成立之前，上海地区的青铜器修复与复制技艺水准已在全国享有盛誉，其历史可追溯到传说中的清末内务府造办处设立的古铜局内专门为宫中修

20 世纪 20 至 40 年代，经卢芹斋及其通运公司在海外销售的珍贵青铜器。

复和仿制古铜器的巧匠“歪嘴于”。其弟子张泰恩继承衣钵，被世人称作“古铜张”。在 1919 至 1937 年间，张泰恩前后共收 11 位弟子，7 位出师后自立门户，其中以王德山修复技艺最为精湛，他在鼎盛时期将手艺传授予徒弟王荣达。王荣达出师后，来到上海为古董行修复青铜器。他极具天赋，尤其对青铜器纹饰和形制研究至深，修复造诣益高，并在技艺环节多有革新和完善，遂在业内颇有名气。当然，青铜器修复与复制技艺之所以能在解放前的上海孕育与发扬，得益于当时这座远东第一大都市海纳百川的经济与文化优势。大量的珍贵文物与相关人才汇聚于此，使文物修复行业得以蓬勃发展。上海博物馆于 1958 年设立文物修复工场，是国内首批组建文物修复和复制团队的文博机构，通过招贤纳士，将流散在民间的修复能人巧匠汇聚一堂。“古铜张”第三代传人王荣达便作为业内高手之一，同年被聘入上海博物馆，自此成为技术特色鲜明的上海博物馆青铜器修复与复制技艺的第一代创始人。

卢芹斋的档案其中一张底片上有壶、罍、尊、兽四件青铜器，这正是 1923 年山西大同浑源县李裕村出土的“浑源彝器”。目前，鸟兽龙纹壶、双龙络纹罍、牺尊收藏于上海博物馆，牛犊形器收藏于美国华盛顿弗利尔与赛克勒美术馆。

上海博物馆的文物修复团队自成立之初就以师徒带教的形式确保传统技艺有序地传承。王荣达老师在其后近 30 年中为上海博物馆培养了数代传人。作为第二代传人的黄仁生老师在继承传统的同时，更将他

此对春秋晚期四虎蟠龙纹豆为1923年大同市浑源县李峪村出土后流散。图左收藏于美国大都会博物馆，为图右收藏于上海博物馆的另一件残豆的修复提供了确凿的修复依据。

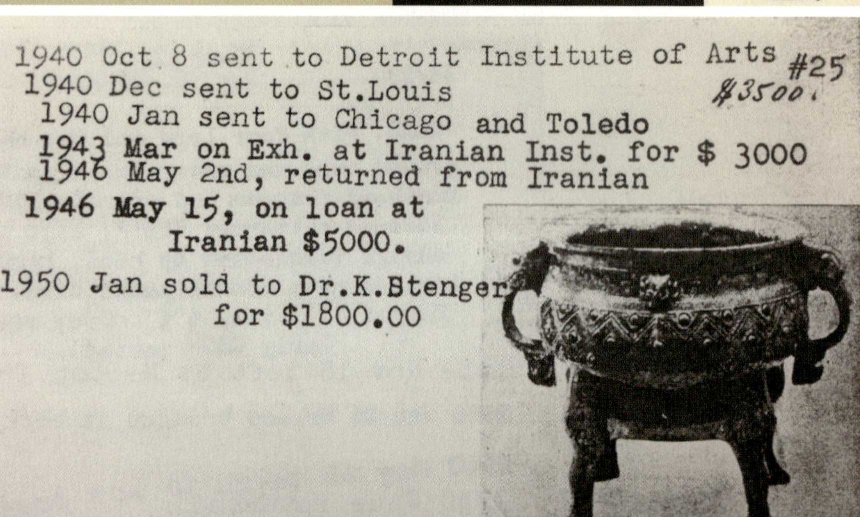

1940 Oct 8 sent to Detroit Institute of Arts #25
1940 Dec sent to St.Louis $3500.
1940 Jan sent to Chicago and Toledo
1943 Mar on Exh. at Iranian Inst. for $ 3000
1946 May 2nd, returned from Iranian
1946 May 15, on loan at Iranian $5000.
1950 Jan sold to Dr.K.Btenger for $1800.00

在拍卖会上屡创新高的西周“作宝彝”四足簋正是20世纪30年代流失海外的清宫旧藏。《西清古鉴》著录，又承吴大澂，刘体智等名家递藏。卢芹斋档案中明确记录了1939年被其收购后流失海外的交易过程。

1950 年，卢芹斋在纽约麦迪逊大街 595 号弗勒大楼（Fuller Bulding）举办最后一次清仓拍卖时的留影。

物换星移，当年的拍卖场所如今已成餐厅。

20 世纪 90 年代笔者为潘达于女士捐赠西周青铜重器大克鼎、大禹鼎进行保养工作时的合影。

在原单位标本模型厂中掌握的模具与精密铸造技艺融入传统青铜器修复，使这门技艺在工艺精度水平上进一步提高，技术特色也得到进一步完善与突出。

笔者作为国家级非物质遗产“青铜器修复与复制技艺”的传承者，从事中国古代青铜器修复与保护工作近三十载，想起当初从艺术院校毕业到接触这项当时知者甚少的修复工作的历程依然感到无比幸运。自 20 世纪 90 年代起，中国博物馆的发展由数量上的快速增长向现代化大馆的重点建设逐步转变。博物馆内各部门与工种的细分化日趋丰富完善。1993 年 8 月，上海博物馆新馆正式开工建设，陈列面积较之老馆增加了近十倍，位于新馆一楼的青铜器馆的常规陈列青铜器扩充到 400 余件组。此时大量藏品文物的整理挑选、修复保护、展陈设计成为上海博物新馆建设当务之急。当时国内各大院校尚未开辟专门从事文物保护与修复的专业教育，上海博物馆对于文物保护与修复人才的挑选和储备工作，一直领先于其他博物馆，并重视从知名美术院校选拔优秀人才。笔者作为一个艺术院校毕业生在机缘巧合的实习机会中被黄仁生老师选中，正式入职拜师成了上海博物馆青铜器修复与复制技艺的第三代传人。

目前存世仅有的一件商鞅铍。铍脊两侧刻铭文两行 16 字："十六年大良造庶长，鞅之造毕湍侯之铸。"铭文中"十六年"为秦孝公十六年（公元前 346 年）。

时任上海博物馆馆长与副馆长的青铜器研究领域权威专家马承源先生与陈佩芬先生对于青铜器修复人才的培养非常重视，常常亲自来讲授青铜器理论与鉴赏知识，听取修复汇报与成果，探讨修复工艺与过程。佛像与金石研究专家季崇建老师、中国古代青铜工艺研究专家谭德睿先生更是常常一起参与和指导有关金石文物的修复工作。在这种天时地利人和的环境下，笔者不仅有机会深入接触到大量珍贵文物，跟随老一辈师公、师傅们学习专业知识与修复技艺，更能从这些顶级专家学者多年身先士卒、亲力亲为的言传身教中获取宝贵的工作经验，从而确立自己人生的目标。这也成为笔者在日后的文物修复生涯中最为宝贵的精神财富。

在敬业的基础上做到精益求精，优秀的修复师都必须具有对每件文物、每道修复工序都追求极致的职业品质，以及内心笃定、执着而耐心地着眼于细节的精神与韧性。只有这样，修复师才能在继承的基础上产生突破，追求创新。纵观这薪火相传的历程，每一代传承人都是在传统的基础上不断融会贯通，推陈出新，以使这门技艺始终保持着活力，更为大量古代青铜文物的保存、欣赏和研究做出了贡献。

时光流逝，转眼笔者有缘在中国古代青铜器修复与保护的一线岗位上亦已奋斗近 30 载，多次参与国家重大考古项目，并与国

身首分离百年的方罍之王“皿方罍”终于身首合一，回归故里。

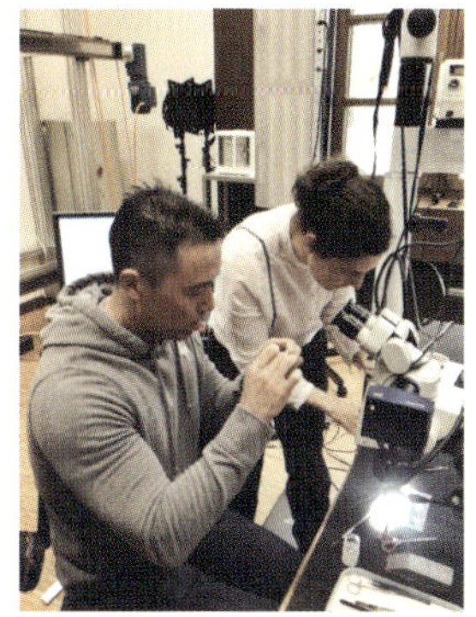

笔者在德国交流学习文物保护与修复。

开设文物修复讲座，普及文物保护知识，提高民众文保意识。

笔者在流失海外的珍贵青铜文物的拍卖现场。

笔者参观国内外博物馆的青铜器藏品。

内外各大文物收藏保护机构交流学习，经手修复的文物不下千件。回想当年，初次独立修复完成第一件青铜器时那种兴奋的心情依然记忆犹新。那冰冷沉重的青铜器，让我觉得中华五千年文明已经不再是书本上的文字，而是沉甸甸真实存在、具有温度的实体。当手持商鞅之铍细细修复时，仿佛可以感受到两千多年前大良造最后一刻放下它的余温。这大概就是与先人的亲密接触吧！在跟随季崇建老师追寻流散海外的重要中国文物踪迹的过程中，我查阅了大量的海外文物资料。当与当年古董界叱咤风云的人物站在同一片地砖上，看到那些曾经在动荡岁月中颠沛流离甚至支离破碎的中国国宝时，我深深感到作为一名文物修复师的使命感是如此迫切！

文物是历史真正的见证者，历代的收藏家只是文物临时的保管者。文物修复师也是因文物而存在。文物修复师既不是美容师，不能添脂抹粉；也不是魔术师，不能移花接木；更不是艺术家，不能感性创造。我们只是一群秉持着科学理念与精湛技艺的文物医生。采用一定的措施来防止或减缓自然环境下各种有害因素对经岁月沧桑的文物的继续破坏，对已经得了病害或存在不利于永久保存因素的文物实施“救治”，尽可能延长文物的寿命，恢复其历史面貌，最大程度保留文物的价值，正是这份职业的使命。

多年的实践与研究，使我们积累了丰富的青铜文物修复经验；历经最初的中国传统文物“完美型”修复的学习与历练，我们又感受到现代文物保护理念引入与融合的必要性。严格地说，当代青铜器的保护与修复已不仅仅是一门传统手工技艺，更是一门跨学科专业。它要求文物修复师掌握多学科知识和实用技术，包括历史学、考古学、博物馆学、鉴定学、材料学、化学、金属工艺学知识以及仪器测试、计算机辅助设计、金属加工、工艺铸造、表面涂层、美术色彩等多种工艺与流程。随着科技不断发展与进步，更多的高新技术将会与时俱进地融入这门传承百年的传统手工艺，使得这项传统技艺持久不衰。

在多年的普及与推广青铜器修复技艺的过程中，笔者发现目前比较缺乏一类以文物修复师为第一视角，梳理传统修复技艺的优缺点，并与现代科学文物修复保护理念与方法相融合，来普及与推广青铜器修复与保护知识的论著。笔者虽然才疏学浅，但仍然想尝试通过多年累积的青铜器修复经验与案例，从文物修复与保护的视角阐述青铜器保护与修复的理念、历史发展、修复流程与要点，比对传统与现代青铜文物修复理念与操作的共性与差异，为学习文保专业的同学以及有兴趣了解青铜文物的保护与修复的读者，提供一些有用的资料与经验。

笔者为修复保护条件较弱的外省市博物馆修复出土文物。

学习与探讨古代青铜器铸造方面的技术与现象。

笔者指导与带教外省市文博机构的文物保护修复人员，传播和推广青铜器修复与保护技艺。

目 录

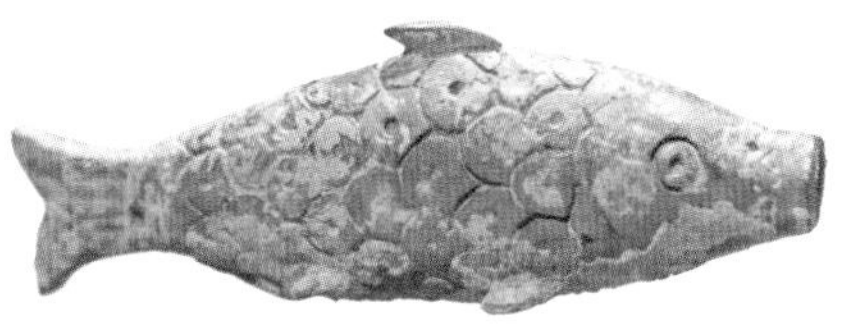

第一篇

青铜器保护与修复概述

青铜（bronze），是指纯铜与其他化学元素组合的合金。

在西方，丹麦考古学家C.J. 汤姆森(1788–1865)提出的将公元前3300年到公元前1200年定义为“青铜时代(Bronse Age)”，这意味着人类早期就已经掌握了提炼和制造青铜器的技术。但是，“bronze”一词在18世纪20年代初期，才由意大利语的“bronzo”经法语“bronze（bronzer）”进入英语“bronze”。现代英语的表达将“brass”与“bronze”明显地区分开来。“Brass”为铜锌合金，而“bronze”指铜锡合金。追溯意大利语中“bronzo”一词的来源，词源学家们发现它来自希腊文中的“brontēsion”，而该希腊词语又来自中世纪拉丁语中的“aes brundisium”。原来当时在意大利的亚得里亚海（Adriatic coast）岸边有一个布林迪西市（Brindisi）。那里在古时就是生产青铜镜的地方。拉丁语中的“aes brundisium”的字面意义就是“布林迪西的铜”。其中的“brundisium”便是英语中“bronze”一词起源。

在中国，先秦时代的青铜合金被称为“金”“吉金”。《周礼·考工记》：“铄金以为刃。……郑之刀，宋之斤，鲁之削，吴粤之剑，迁乎其地而弗能为良，地气然也。……吴粤之金、锡，此材之美者也。”《国语·齐语》：“美金以铸剑戟，试诸狗马；恶金以铸锄夷斤欘，试诸壤土。”《吕氏春秋》卷二十五：“金柔锡柔，合两柔则为刚，燔之则为淖（火炽金流，故为淖也）。”

真正“青铜”此名的出现始见于汉。辛延年《羽林郎》：“贻我青铜镜，结我红罗裾。”《汉三国六朝纪年镜图说》载东汉建安七年（202）半圆方枚神兽镜，铭云“百湅青同”（百炼青铜）。明代宋应星《天工开物》卷十四更是对“青铜”做了详细描述：“凡铜世用，出山与出炉，止有赤铜……矾、硝等药制炼为青铜。”

中国古代青铜主要是指铜、锡、铅的合金。其具有熔点较低、硬度较高、耐腐蚀、声音响亮、流动性好、适于铸造等物理、机械和化学特性方面的优点。虽然中国古代青铜铸造工艺出现的时间比古埃及、两河流域晚，但我们的先民们利用这种合金的特性制造出极具时代特色的青铜器，并以其丰富奇特的造型、神秘缛丽的纹饰、精湛先进的铸造技术在世界艺术史上占有独特的地位，成为中华文明宝贵的历史文化遗产（图 1）。

图 1　中国目前最完整一组西周青铜禁修复前后。这组青铜禁为陕西宝鸡石鼓山商周墓地 M3 号墓出土，其中青铜户方彝通高 63 厘米，重达 35.55 千克，为目前世界上发现最大、最重的商周方彝。

无论是在新石器时代晚期的仰韶文化层里发现的青铜器冶炼遗迹，还是在距今五千年的甘肃东乡林家马家窑文化遗址发现的目前已知中国最早的青铜小刀，中国青铜器制造技艺从启蒙到成熟的过程，也就是中国文明从石器时代进入全盛的青铜时代的见证。它不仅是青铜时代权力和财富的象征，也是当时手工艺水平、科技能力、历史文化、社会关系、意识形态、宗教信仰等情况的集中体现。因此，中国古代青铜器自身所具有的历史价值、艺术价值、科学价值和经济价值是不可取代的。

中国古代青铜器是不可再生资源。随着时间与环境的变化，青铜器在埋藏、保存与传承过程中常会经受不同程度的病害，有的病害是自然因素造成，有的则是人为因素。

遭受病害的青铜器不仅降低了青铜器本身的艺术价值，也干扰与阻碍了研究工作的进行。就如同是身染疾病的患者一样，需要通过保护与修复来进行“治疗与恢复”。中国传统青铜器修复技艺是一项古老的行业，现在随着发展与交流，这项传统保护修复技艺在保持自身特色的同时与西方现代修复理念不断融合，使这门古老的技艺焕发更持久的生命力。

一 保护与修复的意义

青铜器的保护与修复是根据青铜文物材质本身在留传和保存过程中的变化，运用安全的科技方法与现代管理手段，对青铜文物的病害进行预防、保养与修复。其中，保护与修复既紧密联系，又是不同情况与需求下人们所采取的不同程度与范围的技术方法。

“修”最早见于甲骨文，其本义原指从容装饰，后引申至修理、整治。[1] 现代汉语中对“修复”一词的解释：“修理使恢复完整”。早在 1777 年，皮德罗·爱德华兹（Pietro Edwards）在负责管理威尼斯艺术品翻新的过程中，撰写了《修复规范》（*Capitolato*）一书，以防止画师们对画作过度修复。书中一些如今看来很普及的文保观念，在当时却是一个非常超前的想法。苏联博物馆学专家 M.B. 法尔马考夫斯基认为，“修复”一词，发源于拉丁文“restauro”，意思是“我把某物恢原”。[2] 由这个字而产生的“restoration”，意思是“恢复原状”。

“保护”（conservation），其语义正如 save、potect、preserve、safeguard、prevent、keep 等常用的英文表述说明的那样，意味着采取一切措施，消除对现有保存不利的内外因素，使之真正能保存下去。这种语义更多地体现在汉字“护”上。该字源于商朝民众歌颂商汤灭夏桀、救民于水火的颂歌《護》，故为音字旁。西汉大儒董仲舒在《春秋繁露·楚庄王》中就此写道“護者，救也。”

[1]《现代汉语常用字表》,1988 年。

[2] M.B. 法尔马考夫斯基：《博物馆藏品的保管与修复（四）》，戴黄戎译，《文物参考资料》1955 年第五期，第 89 页。

当“護”演变为繁体的“護”时，《说文解字》的解释是“護，救视也”。“救，止也”，即“護”意味着因防止、阻止不利因素而达成的“救”，和英文的含义一致。“護”改成简体字时，采用了双手拱卫门户的构字法，更形象贴切地突出了防止、阻止不利因素的语义。

国外学者伯耐德·M. 费尔登先生在《文物古迹保护原则》中解释“修复文物就是复活文物的原来概念或清晰度，恢复文物的细目和特征”。“文物修复”一词应专指对破损变质文物的修理、复原过程。文物修复是保护文物和利用文物不可缺少的重要手段。简而言之，青铜器修复就是对残损青铜文物的修整与复原。（图 2）

在较长的一段时间里，“保护”与“修复”的概念与界限是较为模糊的，传统修复与科技保护在方式和观念上存在一些分歧。20 世纪下半叶，现代文保界逐渐对文物“保护”与“修复”进行了重新的定义。“保护”和“修复”都包含在广义的“大保护”概念里，但从狭义上讲，它们是文物保护领域两个不同的阶段。在文物保护学科定义中，“保护”和“修复”的意义有显著区别。[3]

[3] 萨尔瓦多·穆尼奥斯·比尼亚斯：《当代保护理论》，张鹏译，同济大学出版社，2012 年 12 月，第 13 页。

2-1

2-2

2-3

2-4

图 2 海外博物馆收藏的中国青铜器。

（一）“大保护”概念的含义

控制环境，预防藏品和标本的损害；第二，抑制已经损害的文物并使其处于稳定状态，以防止发生进一步损害。而“修复”则是“大保护”概念中第二个步骤的延续，也就是说当预防保护处理显得不足时，修复才成为藏品达到延长文物保存寿命、能够保持陈列状态的目的与措施。

（二）“大保护”的阶段

依据两个方面含义，文物“保护”与“修复”大致分为预防性保护、保养性保护和修复性保护三个阶段。

预防性保护，指的是对文物保存环境实施有效监控，使环境处于有利于文物保护的状态，提升对珍贵文物的风险预控能力，最大限度地防止或减缓环境因素对文物材料的破坏作用，是预防性保护珍贵文物的关键。“预防性保护”概念的首次提出，是在1930年意大利罗马召开的关于艺术品保护的国际研讨会上。会议在国际范围内达成了文物科学保护的共识，对文物保护具有里程碑意义。预防性保护做得好，文物保护人员就能尽量少地对文物本体进行修复，文物也就能最低程度地受到伤害，文物保存寿命就能尽可能地延长，文物保护事业也就会事半功倍。

保养性保护，指的是日常对文物本体的养护，抑制已经损害的文物并使其处于稳定状态，以防止发生进一步损害。

修复性保护，则是对文物本体进行修补、复原等，是“大保护”概念中最后实施的步骤。

这三个阶段对于文物来说既是递进又是平行的，没有规定的前后顺序，要具体情况具体分析。例如，对于一件破碎的青铜器来说，可能首先要进行的是修复性保护，然后才是预防性保护和保养性保护；而对于完好的青

[4] 王蕙贞:《文物保护学》,文物出版社,2009 年,第 5 页。

铜器来说，重要的是做好预防性保护和保养性保护。（图 3）

青铜文物资源利用期限的长久性与古代青铜物质材料存在期限的有限性存在不可调和的矛盾。[4] 对这一矛盾的内在规律进行探究并加以解决，正是开展保护与修复的意义所在。具体而言，可以概括为如下几个方面：

3-1

3-2

图 3　上海地区出土的明代鎏金银霞帔坠清洗修复前后。

实施的意义

中国青铜器是前人留给我们的一笔巨大财富，在经济和精神文明建设中具有重要地位，只有通过保护与修复，才能最大限度地延长青铜文物的寿命，发挥文物的价值，为保留中华优秀文化遗产与弘扬民族自信建设做出贡献。

研究的意义

通过对青铜器保护与修复技术的研究，才能科学地分辨与剖析各种状态下青铜器的病害机理及病害变化规律，为制定与实施安全可靠的保护与修复方式提供最为可靠的科学依据与措施。

融合的意义

从技术融合的角度看，青铜器的保护与修复是实践性很强的综合科学。它是现代文物保护领域的一个重要的组成部分。青铜器在保护、修复过程中涉及的清洗、去锈、整形、制模、铸造、拼接、补配、雕刻、加固、做旧等十余项步骤与工序。这不仅是一门复杂的技艺，更融合了历史、艺术、材料、化学、仪器分析等综合性跨学科知识与技术，是各学科融合的体现。

传承的意义

中国青铜器制造从启蒙到成熟的过程，展现了中国青铜时代发展的辉煌。而伴随着青铜器制造技术一起发展的中国传统青铜器修复技艺作为中国特有传统工艺，是中国非物质文化遗产的组成部分。其修复技艺本身的有序传承对保存和传承中国优秀文化遗产有着重要意义。每一代传承人都秉持着一份对这份职业的敬畏和热爱，对每件文物、每道修复工序都追求极致的职业品质，在传统的基础上不断融会贯通，推陈出新，以使这门技艺始终保持着活力，为大量古代青铜文物的保存、欣赏和研究做出了贡献。

对这门古老技艺本身的保护与研究，就是为丰富、完善中国传统非物质文化遗产的繁荣做出的贡献。作为这种非物质文化遗产的继承者为国家和社会提供服务，不仅是对青铜器保护修复事业本身应做的贡献，也是为了更好地传承和弘扬中华优秀传统文化，诠释伟大中华民族精神。

二 保护与修复的内容与原则

中国青铜器是一定历史时期中华文明发展的产物，是中华文明信息的一种表现形式。它不仅是青铜时代权力和财富的象征，也是当时手工艺水平、科技能力、社会关系、意识形态、历史文化、宗教信仰等信息的集中体现。对于当今所进行的生产活动和科学研究来说，它是极有价值的资料。要使这些有价值的资料能长久地为人类文明的发展服务，首先必须保护好其物质形态载体。任何材料的文物（包括青铜器）自身都会受到各种外界环境因素的长期作用，会引起乃至加速物质材料自身的一系列物理、化学等变化，从而改变文物材料的结构和性能，甚至毁灭文物。这种质变与损毁是一种不可逆转的趋势。

青铜器保护与修复的目的就是在不干扰文物基本信息的情况下最大程度地消除青铜器病害，延长文物寿命，尽可能恢复其历史原貌；提升青铜器的艺术、历史和科学研究价值；为科学研究、学术鉴定、展览陈列、文物收藏等提供有力的技术支持。

（一）传统青铜器保护与修复的原则

传统青铜器修复技艺是指经世代传承对青铜器的修复行之有效的技艺。这些技艺历经百年传承与发展，形成了独立的工艺流程与传承体系，是我国传统工艺中的一个重要的组成部分。

传统青铜器的修复技术起源于为弥补青铜器在制作过程中产生的缺陷而采取的修补方法，是附属于器物制造工艺的衍生工艺。随着青铜时代的结束，青铜器从当初的功能器物到帝王收藏赏玩之物，再到海内外古董业商业牟利角色，其根本性质发生了改变。青铜器修复这项技术也由于其操作方法、工序流程、材料应用的共性，而一度成为青铜器仿制与作伪技术的一部分。在不同地域衍生出不同的技术流派，形成了各具特色的流派。在市场需求的驱使下，追求视觉与质感的以假乱真成为当时的修复标准，也使得“完美修复”的技艺在这个时期得到了长足发展。1949 年后，各流派传人纷纷入职各大省市文物收藏机构，青铜器修复技艺真正成为一门独立的为国家收藏机构服务的岗位工作，“完美修复”也成为中国传统青铜器修复技艺的最高标准。

（二）现代青铜器保护与修复的原则

随着欧洲现代文物修复保护发展形成一门学科，现代青铜器保护修复也逐渐形成自己的体系与原则。随着外文保领域的交流不断深入，全新的西方文物保护修复理念逐渐被国人接受。

“不改变文物原状”是现代文物科学保护与修复的基本原则。在西方文物保护修复界，最早的理论研究形成于 20 世纪中叶，是意大利人布兰迪（Cesare Brandi）提出的。1963 年布兰迪撰写的《文物修复理论》影响深远，他在书中提出：“所谓修复，是为了维持某件物品物质性上的无欠缺性，为保证其文化价值的保全、保护而实施、处理的行为。”“修复应重建艺术品的潜在意义，尽可能不要造成历史赝品或艺术赝品，不要抹去任何历史痕迹。”他提出的以“不改变文物的原状”为核心的文物保护修复理论包括最小干预性、修复过程可逆性、可识别性修复等原则。这也代表了西方文物修复保护的主流观点。

1964 年 5 月，在意大利威尼斯通过的《国际古迹保护与修复宪章》中强调指出，修复是一种高度专业性的工作。“其目的在保存和展示古迹的美学和历史价值，并以尊重历史材料和确凿文献为依据。一旦出现臆测必须立即予以停止。任何不可避免的添加都必须与该（器物）建筑的构成有所区别，并且必须要有标记。无论在任何情况下，修复之前及之后必须对古迹进行考古及历史研究。当必须采取现代技术加固古迹时，要有科学数据，并经过实验证明有效。”“缺失部分的修补必须与整体保持和谐，但必须同时区别于原件，以使修复不歪曲其艺术和历史见证。”

综合多种观点，现代文物修复的主要原则可归纳为如下几点：

保持文物的历史真实性和艺术性

根据历史证据和文献资料进行残缺修补，在进行修补前必须对其艺术风格进行研究，确保修补后能体现该文物的原始风貌，绝不能凭主观想象去臆造或创造。（图 4）

最小干预性

对于文物来说，任何修复行为，都是对它的一种干预。在保证文物结构稳定的基础上，尽可能地不去添加人为的修补，尽可能多地保留原件及原有结构位置，将人为添加部分控制在影响器物力学结构稳定性等最有必要修补的地方。

最大程度可逆性

随着科学技术的发展，更安全有效的文物修复保护方法会不断出现，现在所选用的材料与修复方法都会有更好的材料与解决的办法替换。因此，可逆性原则显得尤为重要。在青铜器修补过程中，无论采用的方法还是选材，都应该充分考虑到最

4-1

4-2

4-3

图 4　陕西宝鸡石鼓山商周墓地 M3 号墓出土的目前中国最大的方彝——户方彝盖修复前后。

图 5　陕西宝鸡石鼓山西周贵族墓出土的残损西周乳丁纹簋修复前后。

大程度的可逆性，即修补部位易于拆除与尽量恢复到修复前的状态，而不影响和损坏文物的原始材料，不干扰以后的再次修复保护工作。此外，可逆性原则还可以允许我们在修补过程中随时纠正错误的地方。（图 5）

兼容性

文物修补所使用的材料必须是可逆的、兼容的产品。选用的材料同艺术品的原材料及其病变程度要相适应，原材料与被选材料在物理、化学等性能上必须是相接近的，不能因为修补的新材料而改变和破坏文物的原材料，从而对文物造成新的损害。（图 6）

安全耐久性

修复过程中选用的方法与材料，在遵循可逆性原则的同时，更应该考虑其安全性与稳定性，使得修复保护后的文物在没有更安全的材料和方法替换之前，有利于其长期保存。（图 7）

可辨识性

修补部位所采用的材料与工艺，应根据材料的特性，尽可能接近原材料、原工艺，但还应该做到“远看一致、近观有别”。把握可辨识性的度，既要区分出原始与修补部分的区别，又不能因为这种区别反差过大而破坏整体艺术品的观赏性和完整性。

图 6　上海青浦青龙镇隆平寺地宫出土的铅贴金舍利塔清理修复前后。

图 7　上海青浦青龙镇隆平寺地宫出土的舍利函内鎏金铜勺清理修复前后。

第二篇

中国青铜器修复的技艺传承

中国青铜器修复与保护是一门古老的传统行业，也是现代文物保护中不可或缺的门类。早期对于修复与保护的定义与界限是模糊的。要追溯中国古代青铜器修复的历史，首先要分清青铜器的“修复”“仿制”与“作伪”这三者的区别。[1]

在《现代汉语词典》中分别对这三个词有不同的定义。“修复”：修整使恢复原样。[2]“仿制”：模仿一定的式样制造。[3]“作伪”：制造假的来冒充真的（多指文物）。由此显而易见，三者在工作性质上有本质的区别。修复是一种基于本体的恢复性工作。其核心是在恢复工作的同时必须重视本体的真实性，不能凭主观想象改变原物的面貌。而仿制、作伪是本体外的模仿，甚至混淆本体的操作。然而在现实中，这三者由于在操作方法、工序流程、材料应用甚至操作者的人设上有着相同的共性，从而使得追溯青铜器修复的历史、发展以及与后者的关系，就变得有些界限模糊。

古代青铜器的功能随着时代的进步而不断变化，不同时期青铜器保护与修复的性质也随之发生了改变。中国青铜器的保护与修复的目的与性质，主要表现为四个方面。这四个方面在不同的时期既有因果与承接关系，又各自并行延续与发展。

一 功能性修复与保护

从历史的角度看，满足功能性的修复是青铜器修复最早期的目的。现在定义的“文物”在当时是作为实用物品而创造与制造产生的。因此，作为早期青铜器修复这一工作的产生，也是附属于当时相关工艺的衍生恢复性工艺。且大部分最初的青铜器修复技术都源于其

[1] 莫鹏：《中国青铜器修复技术源流刍议》，《中国博物馆》1998年03期，第82页。

[2] 中国社会科学院语言研究所词典编辑室编：《现代汉语词典》，商务印书馆，1989年，第1297页。

[3] 莫鹏：《中国青铜器修复技术源流刍议》，《中国博物馆》，第310页。

对制作过程中产生的缺陷而实施的补救方法，以及在对某些器物进行改制而产生的工艺。

目前的考古研究证实，二里头遗址出土的斝、爵等青铜容器是中国最早的青铜容器，说明此时的青铜范铸技术已步入成熟。与此同时，器物胎质轻薄，整治不精，以及由于早期范铸技术不稳定性而产生的铸造缺陷，都反映了早期青铜器的特点。当时人们出于某种原因对于这些存在铸造缺陷的青铜器并没有选择重新铸造，而采用了二次“补铸”的技术来修复这些青铜铸造缺陷，因此，“补铸”技术是最早期的应用在青铜器修复上的方法之一。[4] 由此也可以证明，中国古代青铜器的修复技艺是伴随着中国最早期青铜器物一起进入青铜时代。例如：上海博物馆藏夏代晚期云纹鼎（图 1），立耳折沿、鼓腹圆底，口下饰宽条勾曲云纹。在鼎身与鼎足处可以看到两处明显的凸起补铸修复痕迹，甚至连补铸痕迹上的浇口都未被打磨掉。同样，1955 年河南郑州白家庄出土的夏晚期乳丁纹斝（图 2），

[4] 董子俊、翟慧萍、杨相宏、张亚炜：《初探青铜器的补铸与套铸工艺》，《文物鉴定与鉴赏》2019 年第 8 期。

图 1　上海博物馆藏夏代晚期云纹鼎上多处补铸痕迹。

图 2　河南郑州白家庄出土的夏晚期乳丁纹斝上多处补铸痕迹。

图 3　郑州南顺城街窖藏出土的商中期兽面纹方鼎上多处补铸痕迹。

其足部因漏铸问题造成铸件两个足部缺损，也是通过“二次补铸”修复了这个如此明显的铸造缺陷。更有严重者，1996 年郑州南顺城街窖藏出土的一件商中期兽面纹方鼎（图 3），通体上下竟有十处明显而粗糙的修复铸造痕迹，足见在技术还不纯熟的商早中期，铸造大型青铜器难度与成本极大，以至于有十余处铸造瑕疵也没有回炉重铸，而是采用局部“修复”的方法。“补铸”修复工艺的出现挽救了不少濒于报废的青铜器。

纵观其后的整个青铜时代，在使用范铸法铸造青铜器的过程中依然存在各种各样不可预测的铸造缺陷。浇铸系统设计的合理性、内外范的收缩变形、合范的精确性等等每一个步骤都会影响到完美铸造的概率。因此，这项最早出现的修复技艺——“补铸”成为贯穿整个青铜时代不可缺少的技术。

补铸技术的日趋成熟为后期分铸法的形成积累了经验。所谓分铸法，是指器物不是一次浇注完成，而是存在两次及以上的浇注活动，将附件和主体连接在一起的铸造技术，又称铸接技术。湖北黄陂盘龙城出土商中期斝的鋬就以分铸的方式与器体连接（图 4）。斝鋬与器身连接的内外端均可见类似补铸的溶液外溢痕迹。同样，这样的二次分铸的铸接方法在盂鋬的铸造上得到了升华（图 5），鋬在盂体内相应部位，原本难看的“补丁”被铸成两个饰有涡纹的半圆形铆钉结构，实

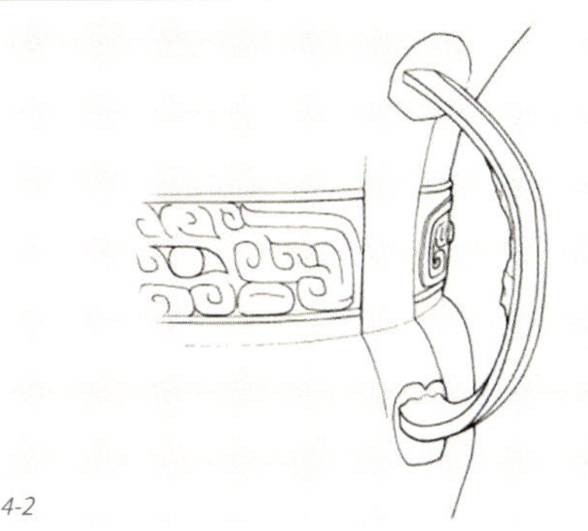

图 4　湖北黄陂盘龙城出土商中期斝的鋬的分铸方式。

图 5　商晚期青铜盂鋬的铸造痕迹被铸成两个饰有涡纹的半圆形铆钉结构。

用且美观。[5] 同样，北京故宫 1956 年入藏的一件商晚期传簋（图 6），口沿部位有二次补铸痕迹，然而这处原本粗糙的补铸被铸出一条龙纹，内外呼应，成为装饰性补铸少有的案例。[6]

随着工艺的进步与所需修复的青铜器部位的不同，补铸的工艺也出现了随机应变的趋势。山西博物院收藏的一件石楼县后兰家沟出土商代蛇首扁柄斗（图 7），扁而薄的长柄中间有着明显的包裹式的补铸痕迹，显然当时是通过二次铸造来补接断裂的斗柄。陕西宝鸡陇县出土的西周早期鸟纹方座簋的禁部发现有多处为了修复裂隙而使用的铸铜修补的现象（图 8），虽然工艺还显粗糙，但早期修补铜器的雏形已经出现。同样，山西博物院收藏春秋山西晋候墓出土的波曲纹方甗（图 9），其甑部的器壁上就有内外两处补铸留下的“补丁”，外侧补丁呈“工”形，内侧补丁呈“S”形，虽然内外补丁形状不同，但是二者通过器身上的人为开设在裂缝周围的 6 个小孔内外对应，通过补铸将内外补丁紧紧连接在一起，修复了原来器身上的漏水裂缝。同样在河南义马上石河春秋墓地出土的虎父鼎的鼎腹底部也出现了数个“补丁”（图 10），从补丁的形状和结构分析，已经和现代铜铁匠补锅的手法非常类似了。也由此可见，早期修补青铜器使用的还是铸铜高温修补的方法，极少出现低温金属修补的现象，这可能还是出于修复后的青铜器使用的功能性需求。

铸造技术的不断进步以及青铜器使用规制的变化，使得“青铜器修复”的应用范围已不局限于“补铸”。北京故宫博物院 1954 年入藏有一件东周蟠螭纹豆（图 11），圆体双附耳，平盖四环，圈足有补铸痕迹。其腹

图 6　北京故宫收藏的一件商晚期传簋，口沿部位有二次补铸痕迹，原本粗糙的补铸痕迹被铸出一条内外呼应的龙纹。

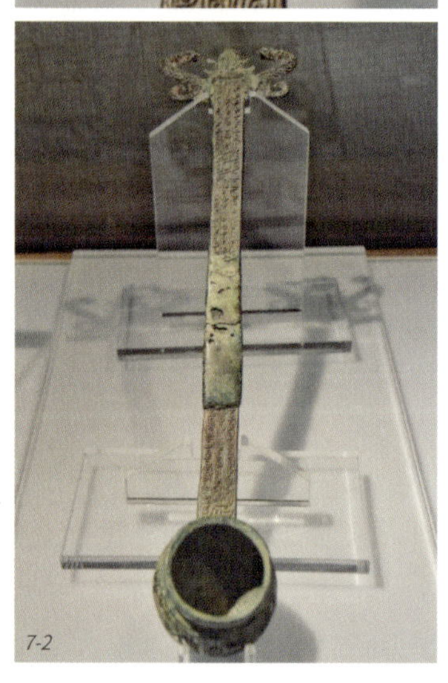

图 7　山西博物院收藏的石楼县后兰家沟出土的商代蛇首扁柄斗，斗柄二次铸造补接断裂。

图8　陕西宝鸡陇县出土的西周早期鸟纹方座簋的禁部发现有多处为了修复裂隙而使用的铸铜修补的现象。

图9　山西晋侯墓出土的方甗采用内外对应的补铸方法修复裂缝。

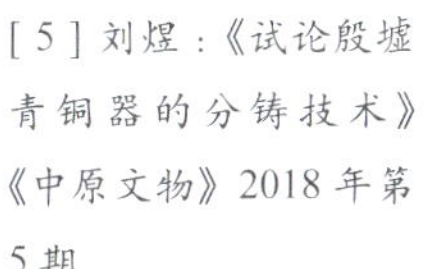

[5] 刘煜：《试论殷墟青铜器的分铸技术》《中原文物》2018年第5期。

[6] 王文昶：《青铜器辨伪三百例》(下)，故宫出版社，2009年12月，第424页。

图 10 河南义马上石河春秋墓地出土的虎父鼎的鼎腹底部的数个“补丁”。

图 11 北京故宫博物院 1954 年入藏有一件由东周蟠螭纹鼎改成的豆。

12-1

12-2

图 12 战国早期曾侯乙尊盘上“曾侯乙”铭文为打磨掉原主人名字后重刻。

下部有三处环装突起痕迹正好对应三足，由此推测，此器为一件当年三足鼎的改制品。湖北博物馆收藏的战国早期曾侯乙尊盘（图 12）以其装饰纷繁复杂、工艺复杂著称于世。盘腹刻有“曾侯乙作持用终”7字铭文，意为：曾国王侯“乙”永久享用。然而盘内铭文有三处打磨痕迹，而“乙”字则是在打磨后又补刻上去的，打磨痕迹清晰可辨，改造之前的铭文应该是曾侯乙的祖辈曾侯。

从“补铸”到“改造”，从青铜时代初期到晚期，满足功能性需求的青铜器修复技术的应用范围伴随着青铜器制造和使用共同变化与发展，并随着青铜器作为日用品的普及而不断市场化。

二 尚古性修复与保护

金石学是中国考古学的前身，形成于北宋时期，欧阳修是金石学的开创者。《金石录》[7] 最早提出“金石”一词，它是以古代青铜器和石刻碑碣为主要研究对象的一门学科，偏重于著录和考证文字资料，以达到证经补史的目的。宋王朝的金石尚古之风对中国后世具有深远的影响。

北宋早期在修订礼典制度过程中，崇尚复古，稽考先秦礼制。宋徽宗大观初年（1107），设置议礼局“诏求天下古器，更制尊、爵、鼎、彝之属”[8] 标志了宋代官方大规模仿造青铜器的开始。由于朝廷“诏求天下古器”，因此全国各地盗掘古墓成风，商周青铜器的出土日益增多。新发现的古青铜器并未悉数进入宫廷，大量流入民间，通过修复后进行供需交易，从而出现了古物市场。叶梦得在《石林避暑录话》中记载：“宣和间内府尚古器……而好事者复年寻求，不较重贾，一器有值千缗者。”一些人或出于玩赏的目的，或出于研究的要求，开始对古青铜器加以收藏。《考古图》[9] 列宋人收藏者，有河南文潞公、庐江李伯时等 30 余家。但当时最大的收藏者还是徽宗皇帝，他收集的古青铜器达 2.5 万多件，特建宣和殿收藏，这是一所世界上最早、藏品最丰富的“青铜器博物馆”。

[7] 宋代赵明诚所著《金石录》共三十卷。《金石录》著录其所见从上古三代至隋唐五代以来，钟鼎彝器的铭文款识和碑铭墓志等石刻文字，是中国最早的金石目录和研究专著之一。

[8]《宋史·礼志二》

[9] 北宋吕大临于元祐七年（1092）著成《考古图》。《考古图》是一部金文著录，全书共十卷，比较系统地著录了当时宫廷和私家收藏的古代铜器、玉器。卷一至卷六为鼎、鬲、簋、爵等商周器，对每件器都精细地摹绘图形、款识，记录尺寸、容量、重量等，并尽可能地注明出土地和收藏处。

在拥有大量实物青铜器的基础上，宫廷开始大规模修复与仿造青铜器，以用于皇家的祭祀活动和宫廷内的演奏。其中“宣和三年尊”“大晟钟”和“政和鼎”等宋仿铜器成为这一时期的代表。

“宣和三年尊”是一件宋代官仿礼器。侈口圈足口下饰仰叶纹，颈部饰蚕纹，腹上与圈足饰兽面纹，以云雷纹填地。形制是仿照《宣和博古图》著录的“商祖戊尊”制作的。尊内底铸有铭文 26 字：“唯宣和三年正月辛丑，皇帝考古作山尊，于方泽，其万年永保用。”由此可知该尊是陈设在方泽坛上的。（图 13）

图 13　北京故宫博物院收藏的北宋宣和三年尊。

“大晟钟”是宋徽宗所制新乐——大晟乐里的编钟。该编钟是由宋徽宗崇宁四年（1105）设立的“乐器制造所”和“泻务司”仿照当时新出土的春秋晚期宋公戍钟制作的。“大晟钟”作为宋徽宗重制“新乐”里的重要乐器，曾于政和三年（1113）演奏过。欧阳修《集古录跋尾》还说到，宋太祖时，王朴善铸编钟，能与周代铜钟形状一样。显然，宋代颇不乏精于仿古的高手。（图 14）

图 14　北宋政和三年大晟钟。

总的来看，宋代宫廷仿造的青铜器非常注重复古形制，制作精良，往往不计成本。器物上还铸有铭文，有迹可循、有史可查。正如赵佶在政和三年七月乙亥的诏书里所要求的：“可于编类御笔所置礼制局，讨论古今沿革，具画来上，朕将亲览，参酌其宜蔽，自朕志断之，必行革千古之陋，以成一代之典，庶几先王，垂法后世。”这正是宫廷仿造青铜器的初衷，也是宋代统治者以尚古之心铸就礼仪之器的具体体现。

这样的尚古之风在清代乾嘉时期再度兴起。清王朝从入主中原至清中晚期，经历了一个从生活方式、社会制度、语言文字、价值观念等全方位吸收汉文化的过程。乾隆时期，疆域一统，经济发展。乾隆帝大力提倡文治，“帝王敷治，文教是先”。乾嘉学者更提倡以古为尚，直接影响了这一时期的审美趣味。乾隆年间仿《宣和博古图》[10]编纂宫廷收藏古器 1436 件为《西清古鉴》[11]四十卷，复出《西清续鉴》二卷，后又出《宁寿鉴古》十六卷，这三部书对于推动宫廷和权贵们的青铜器收藏起了很大的作用。这个时期也是公认的中国历史上收藏

[10] 王黼《宣和博古图》，宋徽宗敕撰，三十卷，大观初年（1107）开始编纂，成于宣和五年（1123）之后。该书著录了宋代皇室在宣和殿收藏的自商代至唐代的青铜器 839 件。

[11] 梁诗正等奉敕纂修的《西清古鉴》共四十卷。这是一部著录清代宫廷所藏古代青铜器的大型谱录，收商周至唐代铜器 1529 件，而以商周彝器为多，于乾隆二十年（1755）完书。

高潮时期，经济富裕，文物购藏活动十分活跃，青铜器修复的需求也在这时期得到蓬勃发展。

在尚古思潮下收藏古代青铜器的同时，一系列基于保护青铜器、满足出土青铜器表面稳定性与保存完整性的传统保护技术逐渐成熟。与现代文保理念中的保护概念相比，这一时期传统青铜器的保护包含在修复与收藏范畴内，对青铜器采取较小程度的干扰，而产生的技术和保存方法。其主要包括制作熟坑铜器与量身定制的囊匣。

（一）熟坑

“熟坑”是传统金石收藏界的专业术语。真正意义上的“熟坑”是人为制作的产物，是早期青铜器拥有者为了防止青铜器继续锈蚀，而采取的表面封护保护措施。一般在器物上通体涂抹加热的蜂蜡与石蜡，形成封护层，有效地阻断了青铜器基体与氧、水分、氯化物的接触，使得“熟坑”青铜器处于一种封闭稳定的状态。不过也由于这种方法产生的蜡膜过厚，因此经过封护保护的“熟坑”青铜器表层基本呈沉稳的褐色，外观有油亮的光泽。此法是明清宫廷收藏青铜器的最主要的保护方法。为上海博物馆收藏的经过保护封护处理过的商晚期熟坑青铜器——戊箙卣（图 15）。台北“故宫博物院”

15-1

15-2

图 15　上海博物馆收藏的、经过保护封护处理过的商晚期熟坑青铜器——戊箙卣。

16-1

16-2

图 16　台北“故宫博物院”收藏的源自清代宫廷的“熟坑”商代青铜器。

收藏的源自清代宫廷的“熟坑”商代青铜器。（图 16）

（二）囊匣

青铜器囊匣就是根据青铜器形的大小、重量、保存状态等多种因素，选用相应的材料和制作方法为每一件青铜文物量身定做的外包装容器。（图 17）

从保护文物的角度出发，不同类型的青铜器需要不同品式、不同内装结构的囊匣。传统文物囊匣多采用外硬内软的结构，坚实的外盒可以防止外力冲击，而其内装结构的软设计不仅要把握青铜器的整体情况，更重要的是要全面保护好青铜器的顶盖、耳部、鋬部、口沿、颈部、腰部、腿部等薄弱、突出以及有病害隐患的细微之处。每一件精工细作的文物囊匣可以使任何造型的青铜器在保管和运输过程中达到防震、防尘、防风、防晒、防潮、便于叠放等功效，从而有效地预防了文物的病害，延长了青铜器的寿命。

传统囊匣制作是传统手工艺品的重要组成部分，也是我国最早的包装装潢工艺品。所用的材料涉及名贵木材、丝绸锦缎。随着时间的流逝，这些用于保护文物的囊匣，其本身也具有相当的艺术价值和文物价值。古朴、典雅、庄重的囊匣散发着中华传统艺术的美感。

出于尚古性质的青铜器修复与保护，在邻国日本也能找到痕迹。日本正仓院收藏有一面编号为北仓 4219 号的唐代“平螺钿背円镜”[12]，

[12]《正仓院的世界——御即为纪念特别展》，东京国立博物馆，2019 年 10 月，第 53 页。

17-1

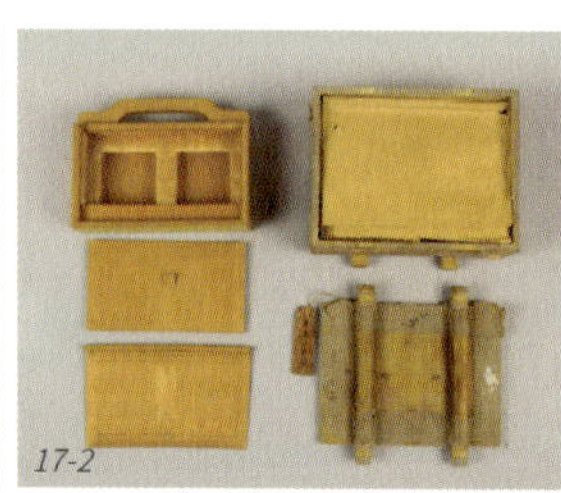
17-2

17-3

17-4

图 17　为青铜文物量身定做的青铜器囊匣。

镜背由夜光贝琥珀的薄片贴敷平托镶嵌成花卉，空余处填充大漆并撒有青金石、黄铜粉等碎片，华丽而珍贵。此镜在镰仓时代（1185-1333）被盗时摔碎，铜镜子碎为 5 片，在时隔 500 年后的明治时期才正式修复，而且采用传统锔钉的方法修复，直径 27 厘米的铜镜上至今仍保留有 59 枚铜制锔钉。显然，修复后的铜镜已经不能继续使用了。锔钉修复的方法为中国传入日本，主要用在瓷器修复，在焊接已经成熟的日本明治时期，仍然沿用古老的锔钉法修复古铜器，也说明当时日本对待珍贵文物收藏品的修复仍然保持着比较慎重与严谨的态度。（图 18）

上层社会对青铜器的喜爱，如同一剂强心针，增加了供需市场的活跃度，也无形中加速了另一种出于利益性质的作伪行为的产生和发展。

18-1

18-2

图 18　日本正仓院收藏北仓 4219 号的唐代“平螺钿背円镜”，采用锔钉修复的方法。

三　利益性修复与保护

霍尔巴赫曾说过：“利益，是人类行动的一切动力。”从历史文献的角度看，出于利益目的的仿制、伪造青铜器的事件在东周时代的文献中时有出现。《韩非子·说林下》就说到“齐伐鲁，索谗鼎。鲁以其赝往，齐侯弗信而反之”[13] 的典故，同样这个鲁国伪造谗鼎以应付齐国的故事也被《吕氏春秋》收录，而且记述更为翔实。当然，《吕氏春秋》收录的立意是引用了《论语》“非信不立”的说法，推许“柳下季有信，故能存鲁君之国”。《吕氏春秋》之立意，是借鼎之真赝和柳下季得体的说法，劝喻人们要善于审察时物，这一用意是很明白的。不过，正是这个故事中的“谗鼎”被认为是目前已知的青铜器作伪史的肇端。在其后的两千多年历史中，历代出于利益目的伪器及疑伪之器层出不穷，并贯穿于整个青铜器修复与保护行业的发展中。

[13] 程长新、程瑞秀：《古铜器鉴定》，北京工艺美术出版社，1993 年，第 8 页。

古董圈有句老话:“唐宋为仿,元明是变,清代在改,民国是骗”。[14]青铜器仿制的技术手段与修复技术虽有相似,但性质有云泥之别。宋代王俅的《啸堂集古录》[15]里记述北宋时期,金石学兴起。而当时商周青铜器出土数量也多,见于宋代吕大临《考古图》记载的,开封便出有癸鼎、庚鼎等,韩城出有晋姜鼎,上雒出有公諴鼎,郧郡出有乙鼎等,仿造古器之风盛行。相对宋代上层社会对青铜器不计成本的喜爱,民间则也加速了作伪行为的产生和发展。宋代赵希鹄《洞天清禄集》[16]中有《古钟鼎彝器辩》一节,曾提到伪古铜器作假色泽与假锈的方法,可见铜器作伪在宋代时已发展为一专门的技术。

到了明代,洪武年间学者曹昭所著《格古要论》[17]、高濂撰写的《遵生八笺》《论新铸伪造》[18],对于这种铜器做假色泽与假锈的方法记录更为具体,还出现了对于古青铜器修补技术和旧器改造作伪工艺的记录。

明代高濂撰《遵生八笺》中《论新铸伪造》篇:“又若三代秦汉时物,或落一足,或坠一耳,或伤器体一孔一缺者,此非伪造。近能作冷冲,热冲,冷焊,软铜冲法,古色不变。惟热冲者色较他处少黑。若用铅补并冷焊者,悉以法蜡填饰器内,以山黄泥调稠遮掩,作出土状态。此实古器,惟少周全,较之伪物远甚。又等屑凑旧器破败者,件件皆古,惟做手乃新,谓之改锹。余在京师,见有二物,一子父鼎,小而可用,花纹制度,人莫不爱。其伪法,以古壶盖作肚,屑凑古墓碎器飞龙脚焊上,以旧鼎耳作耳,造成一炉,非真正物也。一方亚虎父鼎,内外水银,无一痕纹片,初议价值百金,制在五寸,适用可玩,人争售之。余玩再三,识其因古水银方镜破碎,截为方片,四面冷焊,屑凑古炉耳脚,制成工巧,可谓精绝。余一识破,众以为然,后竟不知何去。若此做手,技妙入神。”明代张应文撰《钦定四库全书》《清秘藏》论古铜器还特意对青铜器修复中的“冷冲(低温钎焊)”“屑凑(旧器拼凑)”做了解释。

可见这些作伪者一方面将一些断裂、破损不严重的青铜器进行“冷冲(低温钎焊)”“热冲(高温焊接)”,做“土锈”等修复工作;另一方面把破损严重且无法修复的青铜器残件,通过切割和“冷焊(低温

[14] 程长新、王文昶、程瑞秀:《铜器辨伪浅说》,文物出版社,1991年12月,第3页。

[15] 此书为中国宋代金石学著作,成书约晚于《宣和博古图》,共两卷,著录商、周、秦、汉以来的青铜器及印、镜铭文345器。

[16] 南宋赵希鹄:《洞天清禄集》,中国古代考鉴文物的著作,第71页。

[17] 曹昭所著《格古要论》,成书于洪武二十一年(1388),共三卷十三论。上卷为古铜器、古画、古墨迹、古碑法帖四论,“取古铜器、书法、异物分其高下,辨其真赝,正其要略,书而成编,析门分类,目之曰”。

[18] 高濂撰《遵生八笺》十四:二八,《论新铸伪造》,1591年。

钎焊）”手段把它们再拼凑成器，甚至是臆造的青铜器，且修复技术已达到“技妙入神”。

明代文献中除了记录了详细的修复、作伪方法，甚至还记录了不少有名有姓的民间青铜器修复“高手”。明末南京周晖著《金陵琐事》[19]有云：“徐守素、蒋彻、李信修补古铜器如神，邹英学于蒋彻，亦次之。恨昔者不能举此应之，信强记之难也。”周晖提到的四位铜匠之首的徐守素则亦见于明代高濂《遵生八笺》卷十四《论宣铜倭铜炉瓶器皿》条：“致若出自徐守素者，精致无让，价与古值相半。其质料之精，摩弄之密，功夫所到，继以岁月，亦非常品忽忽成者。置之高斋，可足清赏。不得于古具，此亦可以想见上古风神，孰云不足取也。此与恶品非同日语者，鉴家当共赏之。”从高濂的记述看，徐守素的仿古铜器质料精，做工细，假如得不到真正的古器，那徐守素的作品可以“想见上古风神”。高濂还特意写到徐守素的仿古铜器的市价竟是真正古器的一半，不可谓不高。由此可知，徐守素确是仿古铜器与修复的高手。

任何一种技术的产生与成熟都有其社会需求的必然性。较为成熟的青铜器修复技术的产生，也充分说明了民间青铜器工匠所兼担的青铜器修复技术已开始出现。此时，青铜器修复、仿制与作伪三者几乎完全重合，其工作目的与性质完全一致。然而真正将青铜器修复这一技艺推向顶峰，并使之成为一门职业还要从清代开始。清乾嘉时期，金石学研究的盛行使得皇室贵族阶层对古青铜器的收藏再度出现高峰，北京故宫博物院收藏的清乾隆《弘历是一是二图》表现的是乾隆皇帝鉴赏古物的情景（图 19）。上行下效，水涨船高，青铜器收藏与交易市场的需求极大地刺激了当时的“古玩业”。上海博物馆收藏的一幅长卷绘画《愙斋集古图》[20]（图 20），通过绘画、墨拓的形式集中展现了清末金石学大家吴大澂当年收藏的金石文物。需求决定市场，

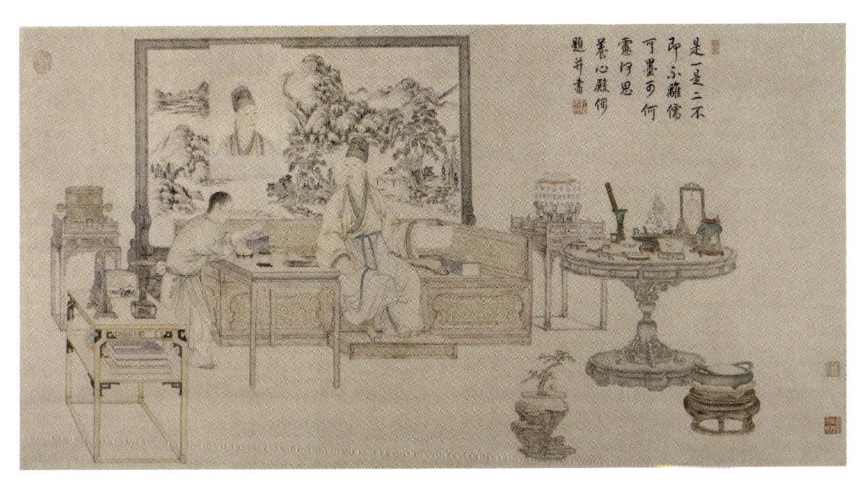

图 19　北京故宫博物院收藏的清乾隆《弘历是一是二图》表现的是乾隆皇帝鉴赏古物的情景。

[19] 周晖：《金陵琐事》卷三，《良工》，南京。

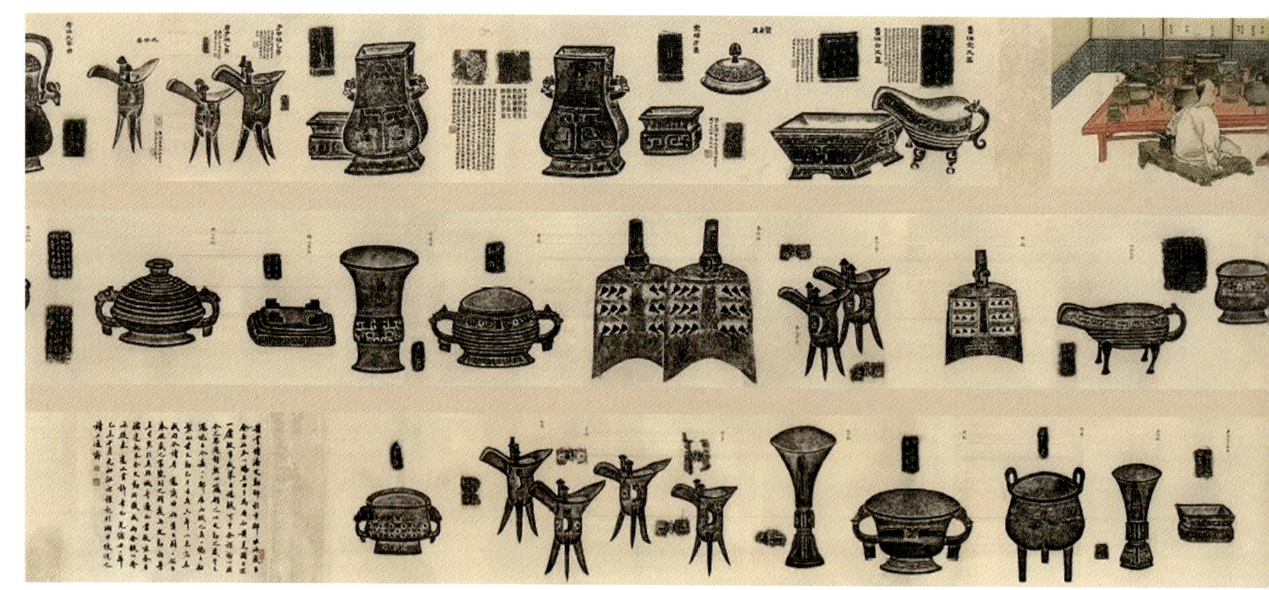

图 20　上海博物馆收藏的长卷《愙斋集古图》，通过绘画、墨拓的形式集中展现了清末金石学大家吴大澂当年收藏的金石文物。

图 21　北京故宫博物院收藏商晚期嘉母卣，看似完整的器型，仅其盖为原件。

民间大批专业作伪与修复高手与技术也应运而生。修复与作伪的界线变得极其模糊。北京故宫博物院 1959 年入藏一件商晚期嘉母卣（图 21），此卣虽看似完整，实则大部分残缺，仅存其盖，卣身与提梁是修复者根据卣盖的款式重新铸造装配的。足见当时修复在市场利益的刺激下变得本末倒置了。[21] 清人赵汝珍在其撰写的《古玩指南》《古董辨疑》中大量讲述了当时铜器复制、作伪、修复与辨伪的方法。[22]

乾嘉时期的金石尚古风气，带动了青铜器修复、复制、作伪行业的空前繁荣。单张光裕《伪作先秦彝器铭文疏要》[23] 一书的统计，就多达 1600 余件，仅清代乾嘉以来百年的伪作就超过千件。

各地的古铜器修复群体根据各自工艺特长与不同地区出土青铜器的特色逐渐形成了几大派别：北京派、苏州派、潍坊派、西安派、洛阳派等。金石古董圈按不同

[20]《愙斋集古图》是上海博物馆现藏的一幅长卷绘画，它通过绘画、墨拓的形式集中展现了吴大澂当年收藏的金石文物。图中部分青铜器器形及铭文从未见于历代著录；另一部分部分铭文及考释文字见于《愙斋集古录》及其他金文著录。图中吴大澂的部分题释可与《愙斋集古录》对比，有助于了解吴大澂的学术的形成及变化过程。

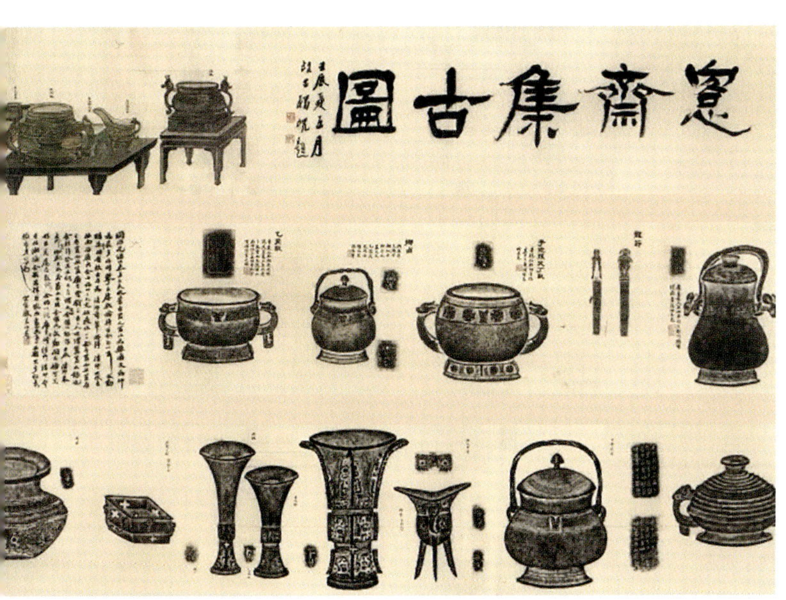

图 22　民国时期周梅谷仿古铜器作坊遗存的旧模版。

图 23　“苏州造”独特的木模版“贴蜡法”工艺，在内范相应的素面蜡模上贴花纹蜡片，形成具有表面花纹的蜡模。

地域将这些派别称为“潍县造”“西安造”“北京造”“苏州造”等。其中“苏州造”的历史早于“北京造”，是近代仿古复制铜器的重要基地之一。清末民国初年，苏州出现了以周梅谷为代表的仿古铜器名家。其独特的木模版“贴蜡法”工艺和精湛的熟坑技术堪称一绝，“苏州造”的铜器刻工精细，纹饰流畅，以假乱真，作品流传甚广，从而成为天下名牌（图 22、23）。伪器流入国外者不计其数。[24]随着社会发展与市场需求的变革，有些派别没落，而有些得以长足的发展。

“北京造”源自清代宫廷，清宫造办处先后设有 60 多个专业作坊，专门负责宫廷用品的制造与修缮。其中铜作就是负责宫廷内铜器的制作与修复。其中有一位青铜器修复能手，人称“歪嘴于”。据《百年琉璃厂》[25] 中记述，“歪嘴于”，河北衡水人，光绪年间来到京城，在内务府造办处下面的古铜作帮太监们修复宫廷内珍藏的历代青铜

[21] 王文昶：《青铜器辨伪三百例》（下），故宫出版社，2009 年 12 月，第 458 页。

[22] 赵汝珍的《古玩指南》《古董辨疑》成书于 1942 年。

[23] 张光裕：《伪作先秦彝器铭文疏要》，香港书局，1974 年 11 月。

[24] 王汉卿：《民国时期周梅谷仿古铜器作坊遗存的木模版研究》，《美术与设计》，2014 年 6 月，第 113 页。

[25] 胡金兆：《百年琉璃厂》，当代中国出版社，2006 年 8 月。

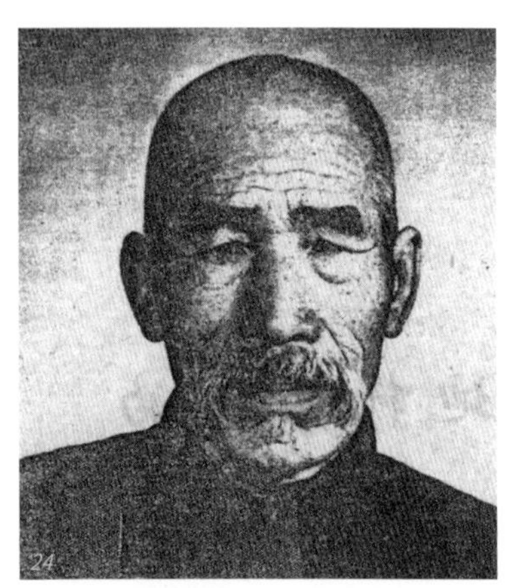

图 24 “古铜张”张泰恩。

图 25 王荣达于 1958 年被聘入上海博物馆博物馆青铜器修复部门。

器。宫廷里对古青铜修复的目的是收藏和鉴赏，不同于民间以盈利为目的的作伪行为，因此民间使用的拼凑改造等作伪手段，在宫廷的修复中极少出现，反而为宫廷修复青铜器的修复者更要在尊重原器的基础上按照原物的基本风格运用修复技艺。因此，从现代“文物修复”的定义看，真正意义上的中国古代青铜文物的修复技术应该是从清代宫廷的修复开始的。

根据 1982 年高英先生在古代青铜器修复技术座谈会上的发言稿《北京古代铜器修复行业（古铜张派）的起源和发展》一文中描述，“歪嘴于”住在北京前门内前府胡同内的庙里，并开设“万龙合”古铜局，以修理古代铜器为业，经常为清宫太监们修理宫内破损青铜器。[26]“歪嘴于”前后收了 7 位弟子，其中以郭树根（行内称“老古铜郭”）与张泰恩手艺最为出色。辛亥革命时期，最小的徒弟张泰恩（行内称“古铜张”）（图 24）继承了“歪嘴于”的古铜局，改名“万隆和”古铜局，专门修理古铜器。此时的中国正值帝国主义列强大肆侵略之际，大量珍贵中国古代文物被倒卖流失。大量的买方需求也带动了卖方市场的青铜器修复与作伪行业的繁荣。

1919 年 -1937 年，张泰恩前后共收 11 位弟子，传授古青铜器修复与仿制技艺。其中 7 位学成出师，自立门户，这些弟子中业务能力最为突出的古铜张派第二代代表人物为张文普、王德山、贡茂林。特别是自立门户的张文普、王德山以木器家具中“榆木擦漆”用的虫胶得到启发，研究出“漆底磨光”和“点土喷锈”等作色做旧技术革新，使得青铜修复工序更为合理与有效。王德山在崇文门外草场八条家中先后招收和培养了刘增堃、毛冠臣、杨政填、王喜瑞、贾玉波、王长青、杨德清、王荣达（图 25）等 8 位弟子，这 8 位与其同辈师兄弟们共同构成了古铜张派第三代传人。

[26] 高英：《北京古代铜器修复行业（古铜张派）的起源和发展——在古代青铜器修复技术座谈会上的发言》，1982 年，第 2-3 页。关于“歪嘴于”的称呼最早出自此发言稿，其真实姓名暂不可考。

四 科学性修复与保护

1949 年后，古铜张派传人各自入职各大省市文物收藏机构（图 26），使得青铜器修复技艺得以薪火相传，开枝散叶。第三代传人王荣达出师后，来到上海为古董行修复青铜器。他极有天赋，因对青铜器纹饰和形制研究至深，修复造诣极高，对技艺环节多有革新和完善，所以在古董圈内颇有名气。

青铜器修复与复制技艺之所以能在解放前的上海孕育与发扬，得益于当时这座远东第一大都市海纳百川的地理和文化优势。大量的珍贵文物与相关人才汇聚于此，使文物修复行业得以蓬勃发展。上海博物馆于 1958 年设立文物修复工场，是国内首批组建文物修复和复制团队的文博机构，通过招贤纳士，将流散在民间的修复能人巧匠汇聚一堂。“古铜张”第三代传人王荣达作为业内高手之一，于同年被聘入上海博物馆，自此成为技术特色鲜明的上海博物馆青铜器修复与复制技艺的第一代创始人。

上海博物馆的文物修复团队成立之初就以师徒带教的形式确保传统技艺有序地传承。王荣达老师在其后近 30 年中为上海博物馆培养了数代传人。作为第二代传人的黄仁生老师在继承传统的同时，更将他在原单位标本模型厂中掌握的模具与精密铸造技艺融入传统青铜器修复，使这门技艺在工艺精度水平上进一步提高，技术特色也得到进一步完善与突出。

艺术性与学术性并重，正是上海博物馆青铜修复和复制工作最突出的特点。青铜器修复与复制技艺主要包括清洗、除锈、矫形、拼接、刻纹、翻模、铸造、

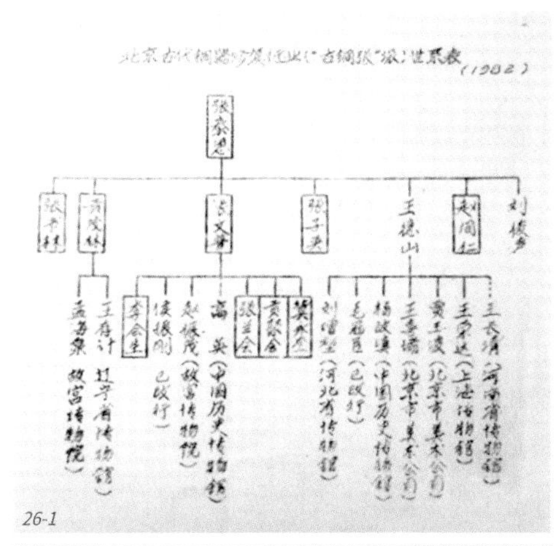

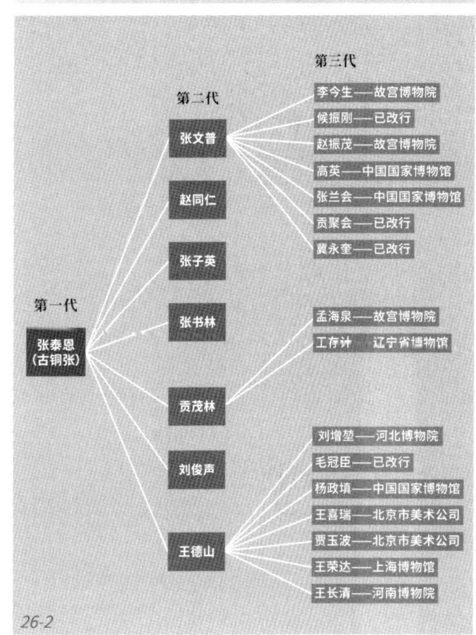

图 26　青铜器修复行业“古铜张”传承谱系。

配缺、打磨、做色、做旧等十余道工艺环节。上海博物馆的科研实力为修复师掌握不同时代的青铜器特点提供了支撑。每一道环节都采用科学合理的方法和材料，从更为安全的修复理念出发，摒弃了传统古玩行业内一些有损文物安全和存在隐患的修复旧工艺，在科学安全的修复过程中揭示和保留青铜文物的原始信息，为后期学术研究创造了有利条件。通过合作，上海博物馆率先应用超声波除锈、复合材料翻模、激光焊接、3D 打印和激光清洗技术等新技术，为传统技艺带来了更多的科技含量，使上海博物馆的这项技艺能在各流派中脱颖而出，成为业内亮点（图 27）。正式开创了现代博物馆体制下的青铜器修复与复

图 27　笔者正在进行青铜器修复中的拼接这个环节。

图 28　上海博物馆的“青铜器修复与复制技艺”被列入国家级非物质文化遗产名录。

制的新格局。在国家高度重视和大力扶植下，上海博物馆的“青铜器修复与复制技艺”被列入国家级非物质文化遗产名录。（图 28）

高超的修复与复制技艺不仅使观众得以欣赏中华文明从古至今的辉煌，使其从心底产生民族认同和自信，也赢得了海内外收藏界的广泛认可，很多收藏家也因此愿将青铜文物珍品捐赠给博物馆。可以说，在上海博物馆青铜馆藏“半壁江山”的美誉背后，这项非遗技艺功不可没。

如今的中国古代青铜器修复已经从最初的为功能价值的修复，到历经宫廷收藏中为鉴赏价值的修复，再到文物交易活动中为利益价值的修复，发展到如今博物馆保存中文物价值的修复。其修复的目的和方法也从最初单纯的恢复器物外观的完美，发展到采用更为安全合理的方法与材料，消除青铜器内外病害与隐患，延长了青铜器的寿命，揭示和记录更多文物的信息与工艺特点，为文物科研工作提供更有力的保障；在社会责任方面，普及青铜器修复保护常识，以提高公众文物保护意识，提升了公众的文化自信。与高校建立合作，贯彻执行非物质文化遗产项目传承和发扬工作，传播青铜器修复技艺与知识，为储备和发掘高校的非遗传承人才奠定基础。（图 29）

图 29　古铜张派传人已经传承到第六代。

海纳百川，在继承古铜张派传统修复技艺的基础上不断吸收现代最新修复理念与工艺，加以融会贯通，这才是中国古代青铜器修复这一古老的职业可持续性发展的秘诀。

第三篇

中国古代青铜器的认知

青铜是指铜与其他金属的合金。中国古代青铜一般是指铜、锡合金。现代金属材料学根据不同配比的青铜，将其分为锡青铜（锡含量高于 2%）、铅青铜（铅含量高于 2%）和锡铅青铜（铅、锡含量各高于 2%）。青铜具有以下特性：

熔点较低。在物理学和化学性质上，一般合金熔点比原来的金属熔点低，硬度比原来的金属硬度高，体积比原来的金属略大。铜、锡合金的青铜也是如此。纯铜熔点为 1083℃，若加 15% 的锡，熔点即降低到 960℃；若加 25% 的锡，熔点就会降到 800℃。因此，这种温度条件显然要比冶炼纯铜更容易达到。

硬度较高。红铜硬度（HB）是 35~45 度（Brinell, 译成布氏硬度），如果加 5%~7% 的锡，就增高到 50~60 度，若加 7%~9% 的锡，即增高到 65~70 度。若加锡 9%~11%, 就会增高到 70~80 度，比纯铜硬度提高一倍以上。这样就可以克服纯铜质地较软的缺点。同时由于青铜硬度随着加锡量成正比地提高，人们可以按照不同器类的需要而予以增减，选择各种不同的比例，铸造出合金硬度不同的器物。

适宜于铸造。纯铜流动性差，铸造性能不良，易吸收空气，成品往往带有气眼。而青铜流动性很强，冷凝时体积略有胀大，填充性好，且很少有气孔。

由于具有上述三个优点，即具有较好的铸造性能，使青铜在应用上具有广泛的适应性。在人们逐渐对青铜性能有所认识后，便开始利用铜锡共生矿提炼青铜，或有意识地从锡矿中提炼出来锡与纯铜混合，后来发展到掺以不同比例的锡来铸造不同用途的青铜器具。[1]

春秋时期《周礼·考工记》就已经提出了世界上最早有关青铜合金配比的“六齐”之说：“金有六齐，六分其金而锡居一，谓之钟鼎之齐；五分其金而锡居一，谓之斧斤之齐；四分其金而锡居一，谓之戈戟之齐；三分其金而锡居一，谓之大刃之齐；五分其金而锡居二，谓之削杀矢之齐；金锡半，谓之鉴燧之齐。”表 1 说明我国古代劳动人民在长期的青铜冶铸实践中已经认识到青铜的化学成分与其性能、用途之间的关系。[2]

一 中国古代青铜器的器型特征分类与制造工艺

对于已经从材质上分离出来的青铜类文物，其分类的目的主要是为了区别不同的青铜文物的性质和作用。分类的科学性在某种程度上取决于对青铜文物的正确认识。

（一）青铜器的器型分类

在不同时代、不同学者对青铜器的各种繁杂的分类中，器物的命名是一个关键问题。然而，鼎盛的先秦青铜时代经过秦的改制和战争，社会形态发

表 1 上海博物馆使用的《周礼·考工记》中“六齐”的配比[3]

合金名称	含铜量	含锡量
钟鼎之齐	6/7=85.71%	1/7=14.29%
斧斤之齐	5/6=83.33%	1/6=16.67%
戈戟之齐	4/5=80%	1/5=20%
大刃之齐	3/4=75%	1/4=25%
削杀矢之齐	5/7=71.43%	2/7=28.57%
鉴燧之齐	2/3=56.66%	1/3=33.33%

[1] 朱凤瀚：《古代中国青铜器》，南开大学出版社，1995 年，第 6 页。

[2] 苏荣誉：《〈考工记〉“六齐”研究·中国科技典籍研究——第一届中国科技典籍国际会议论文集》，大象出版，1998 年，第 79-95 页。

[3]《考工记》“六齐”成分配比研究目前光论文有百余篇，本图采用上海博物馆古代青铜馆内发布的数据。

生了巨大的变化，大量典籍被焚毁，以至于到了汉代，人们对先秦的青铜器已经不太了解，即便研究也多偏重于文字。宋代以前有关青铜器的零星记载也偏重于铭文。中国青铜器型分类与定名等相关研究自北宋金石学始，宋代学者确立了青铜器研究的著录形式与研究体例，对青铜器进行了初步的定名与分类，开创了青铜器研究的最初范式，为后世树立了典范。特别在青铜器器名的研究中，宋人为青铜器定名约定俗成的原则是引孔子之语曰“名从主人，物从中国”[4]，即器物名称的确定是依照带铭文器物的自铭而定，并以有自带器名的器物作为标准器，为没有铭文的同类型青铜器定名归类。宋代王黼《宣和博古图》[5]中所定的鼎、簋、钟、壶、盘等青铜器名称，都是按照这一原则进行，并沿用至今。其后，清代学者在继续专研金石学的同时纠正了宋人在定名与分类等方面的一些问题，并加强了铭文研究。随着近代考古学的介入，有了科学的考古发掘，青铜器出土有了地层学做参照、类型学做基础，青铜器分期断代研究开始科学化，铜器标准器断代法的提出，铜器的定名和分类研究进一步明晰，也拓展了青铜器整体研究的深度与广度。

关于青铜器的定名原则，学界一般归纳为三条：

（1）有自铭的器物要依自铭定名。

（2）宋代学者依据史籍著录定命。

（3）既无自铭，又缺乏史籍著录者，可根据其造型、用途予以定名。

本书大致采用上海博物馆马承源先生所撰《中国青铜器》[6]一书的分类方法。以器物实际用途为主线的分类系统，既充分考虑到青铜器的功能、数量、使用效率等方面在时代性和阶段性上的差异，又顾及各类青铜器身上所反映的社会背景。本书将青铜器大致分为食器、酒器、盥水器、乐器、兵器、工具、杂器等类。

[4]《春秋穀梁传注疏》，中华书局，1980年，第2373页。

[5]王黼《宣和博古图》，宋徽宗敕撰，三十卷。大观初年（1107）开始编纂，成于宣和五年（1123）之后。该书著录了宋代皇室在宣和殿收藏的自商代至唐代的青铜器839件。

[6]马承源：《中国青铜器》，上海古籍出版社，1988年。

2

3

图 2　中国国家博物馆藏河南安阳武官村出土商后母戊鼎。

图 3　上海博物馆藏陕西省扶风县法门寺任家村出土西周大克鼎。

1. 食器

青铜食器是青铜时代最正式的餐饮用具，按功能性可分为烹煮器、盛食器、挹取器、切肉器等等。青铜食器不仅是人们日常的餐饮用具，也是贵族进行礼制活动的重要礼器。所谓礼器，是指我国进入最初的阶级社会以后，贵族阶层在进行祭祀、宴飨或朝会等活动时举行礼仪所使用的器物。随着奴隶制国家机器的确立，有色金属成为国家垄断的重要资源，青铜器也成为贵族阶层特享的产物，一些原本作为生活用具的青铜器被赋予了特殊的含义，成为体现统治权威和礼制的象征，并贯穿于整个青铜时代。青铜食器种类很多，主要有鼎、鬲、甗、簋、簠、盨、敦、铺、豆、盂、盆、鍪、盉、鍪、俎、匕、镬等。青铜食器多为容器，不同时期的青铜食器形制厚薄、铸造技术、埋藏环境、锈蚀程度都不尽相同，这也就使得青铜文物的各种病害类型都可能发生在青铜食器上。

（1）鼎

青铜鼎主要用途是烹煮肉食、实牲祭祀和宴享等。[7] 鼎的造型最初是由石器时期陶制炊具演变而来的。因此“鼎”最初的意思就是指烹饪容器。很多鼎都自铭为“鼎”，还有自铭为“方鼎”。许慎在《说文·鼎部》中对鼎的解释是：“鼎，三足两耳，和五味之宝器也。”同时，鼎又是最重要的礼器器种之一，与政治的关系日益密切，并演化为国之重器。按照礼制组合成的所谓“列鼎”，“天子九鼎，诸侯七，大夫五，元士三”。[8] 随着这种等级、身份、地位标志的逐渐演化，用鼎制度逐渐成为王权的象征、贵族身份等级差别的标志。鼎的款式非常丰富，除了最常见的圆鼎、方鼎外，还有鬲鼎、扁足鼎、流鼎、异形鼎等等。（图 2、3）

（2）鬲

鬲是炊粥器。青铜鬲最早出现在商代早期，是在陶鬲的基础上发展而来。侈口，袋形腹，其下有三个短足。据研究，袋形腹的作

[7] 马承源：《中国青铜器》，上海古籍出版社，1988 年，第 83 页。

[8] 汉代何休注《公羊·桓公二年传》。

[9]《礼记》共 49 篇，为汉代戴圣所作。《玉藻》是礼记中的第 13 篇，是记述礼制的篇章之一。

用主要是为了扩大加热面积。（图 4）

（3）甗

甗是蒸煮器，由上部的甑和下部的鬲两部分组成。陶甗最早出现于新石器时代。甑用来盛放食材，鬲用来盛水，高足间可烧火加热。甑与鬲之间有带通气孔的箅子隔开。青铜甗在商代早期已经出现，它可分为联体和分体两类。商和西周时期多联体。西周时期出现方形甗。汉代后绝迹。（图 5）

（4）簋

簋是盛放煮熟的稻、粱、稷、黍等饭食的器皿。形制一般为圆腹，圈足，有耳（耳的数量在 2~4 个）；流行于商朝至东周，是中国青铜器时代标志性青铜器具之一。《周礼·地官·舍人》：“凡祭祀，共簠毁”。古籍中多写作簋，而铜器自铭则常为毁。青铜簋出现在商代早期。西周时期，簋与列鼎制度一样，通常在祭祀和宴飨时以偶数组合与以奇数组合的列鼎配合使用。如，天子用九鼎八簋，诸侯七鼎六簋，大夫五鼎四簋，元士三鼎二簋。[9] 有些簋不但是礼器、葬器，还具有重要的历史意义。如陕西临潼县零口镇出土的利簋，侈口，兽首双耳垂珥，圈足下连铸方禁，通体施兽面纹。器内底铸铭文 4 行 33 字，记载了甲子日清晨武王伐纣这一重大历史事件，因此它也成为迄今能确知的最早的西周青铜器。（图 6）

（5）簠

簠是中国古代祭祀时盛放黍、稷、粱、稻等饭食的器皿，是先秦时期主要的青铜礼器之一。《周礼·舍人》：“方曰簠，圆曰簋，盛黍、稷、稻、粱器。”《礼记·乐记》：“簠簋俎豆，制度文章，礼之器也。”簠的基本形制呈矩形器，盖和器身形状相同，上下对称，合则一体，分则为两个器皿。青铜簠产生于西周早期，战国开始衰落，到了秦汉时期完全绝迹。（图 7）

（6）盨

盨是盛放黍、稷、稻、粱等饭食的盛食器。盨的基本形制近乎簋，

4

5

6

7

图 4　北京故宫博物院藏西周师趛鬲。
图 5　上海博物院藏西周兽面纹甗。
图 6　中国国家博物馆藏西周利簋。
图 7　流失外海西周晚期毛伯父簠。

8

9

10

11

图 8　海外追缴回的西周晚期曾伯克文盨。
图 9　上海博物馆藏战国镶嵌云几何纹敦。
图 10　上海博物馆收藏春秋晚期镶嵌狩猎画像纹豆。
图 11　上海博物馆藏春秋晚期透雕交龙纹铺。

但器身呈圆角椭方形，敛口，双耳，圈足，盖可以仰置盛物。青铜盨流行于西周晚期，春秋早期已基本消失。盨的名字源于自铭，一般成偶数组合。（图 8）

（7）敦

敦是盛放黍、稷、稻、粱等饭食的礼器。敦作为器名见于《仪礼》，盛行于东周时期，秦代以后消失。敦由鼎、簋的形制结合发展而成，不少青铜敦器盖与器身完全相同，合在一起是个球体，但也有上下不完全对称的情况出现。（图 9）

（8）豆和铺

豆是专备盛放肉酱、腌菜等和调味品的器皿。“豆”已见于甲骨文，青铜豆源自陶豆，青铜豆盛行东周时代。史料里记载豆是用来盛“菹”和“醢”的。“菹”，就是咸菜、酸菜之类，“醢”就是肉酱。考古出土的青铜豆中就有发现鸡骨、牛肉等。

豆也是礼器的一种。《礼记·礼器》：“天子之豆，二十有六，诸公十有六，诸侯十有二，上大夫八，下大夫六。”故有“鼎俎奇而遏豆偶”的说法，也说明豆常以偶数组合使用。

铺，也是一种盛食器，器型与豆相似，器腹为直壁浅盘，边狭而底平，圈足矮而粗，且多为镂空，出现于西周至春秋时期。（图 10、11）

（9）盂

盂为大型盛食器，还可盛水，盛冰。器型侈口深腹似大簋，下承圈足或象足。常与簋配合使用，簋中之饭取自盂。[10] 盂出现于商晚期，流行于西周，春秋时期渐少。（图 12）

（10）俎

俎是切肉或摆放肉食的案子，亦为礼器。先秦时代，俎为祭祀时切牲和陈牲之用具。青铜俎最早出现在商代晚期，案面下凹，案下有四支柱足或壁形足。其对后世家具的演变也颇有影响。（图 13）

（11）匕

匕是用来舀取食物的匙子。《说文解字》注：匙，匕也。这种

[10] 陈佩芬：《中国青铜器辞典》（共 6 册），上海辞书出版社。

餐具部分下凹可以作为勺子用来舀汤，部分有刃口可以用来分割食物。考古发现的匕常与鼎、鬲同出。（图 14）

2. 酒器

中国酒文化源远流长。二里头文化时期，已有少量青铜酒器出土。随着殷商时期酿酒业的发展与青铜器制作技术的成熟，围绕着酒的青铜器皿在此时达到前所未有的繁荣。青铜酒器形制种类繁多，很多成为中国青铜文明的代表器形与文化标志。

青铜时代酒器型种类很多，有爵、角、觚、觯、斝、尊、壶、卣、方彝、觥、罍、醽、瓮、瓿、缶、斗、勺、禁、动物尊等。根据它们在饮酒、盛酒、调酒、取酒、温酒等不同步骤中的作用与功能将其区分。和青铜食器一样青铜酒器也多为容器，其二者成分基本相同，埋葬位置相同，这也就使得在青铜食器上出现的各种病害类型也可能发生在青铜酒器上。

（1）爵

爵，最早出现的青铜酒器和礼器。但“爵”的定名始于宋人。二里头文化到西周早期爵的器型具有明显的标示性。前端有流，后部有尖状尾，流与口之间有立柱，杯形腹，腹部一侧有鋬，下有三个锥状长足（图 15）。但西周晚期以后三足爵便踪迹罕见，反而出现了一种斗形爵，继而成为东周时期出现的一种雀斗型杯的雏形。到了秦汉时期，人们几乎不知爵为何物了。宋代以来，以古物为研究对象的金石学兴盛起来，人们才重新开始认识商周爵杯的原始面貌。

（2）角

角，饮酒器。“角”的定名始于宋人。器物造型与爵相似，不同之处是口沿无柱，流变成与爵尾相同的尖形角状。有些角有盖。存世数量很少。西周中期以后，角便不复存在。（图 16）

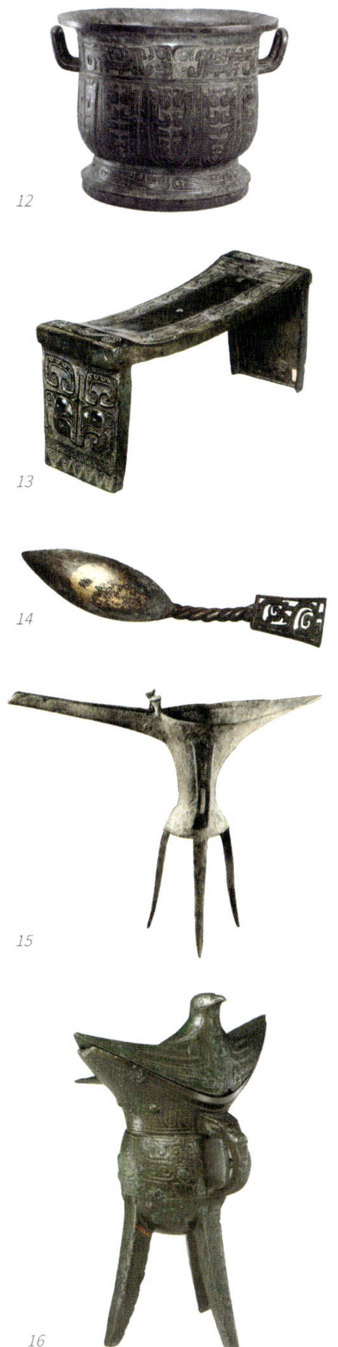

图 12　北京故宫博物院藏西周中期伯盂。
图 13　日本泉屋博古馆藏商代蝉纹俎。
图 14　陕西宝鸡出土西周匕。
图 15　河南二里头遗址出土乳钉纹青铜爵。
图 16　纽约大都会博物馆藏商青铜角。

（3）觚

觚，饮酒器和礼器。侈口，细颈，呈喇叭形状。陶觚最早出现于新石器时代，青铜觚始见于商代早期，西周后逐渐消失。考古发掘中，觚经常与爵伴随出土，可见在当时酒文化与礼制中，觚与爵为组合使用。（图 17）

（4）觯

觯是先秦时代饮酒之杯。觯形似尊而小，或有盖，是中国古代传统礼器中的一种，流行于商朝晚期和西周早期。觯作为器名见于东周礼书。存世青铜器中无自铭为觯者，如今称为觯的青铜器，其名来源于宋人。（图 18）

（5）斝

斝一般为盛酒行祼礼之器，兼可温酒。其形状像爵，但比爵大，器身有圆有方，有鋬，双柱，平底之下有三或四个锥足，有些斝有盖。斝的器名来源非自铭，亦是宋人所定。斝始见于二里头文化期，流行于商晚到西周早期，其后逐渐消失。（图 19）

（6）尊

青铜尊为高体的大中型盛酒器，尊的形制为高圈足，鼓腹，侈口，形体较宽，口径较大，器型始出与陶器或原始青瓷的大口尊有关。尊盛行于商代至西周时期，春秋后期已经少见。金文中称礼器为尊彝，是祭祀礼器的共名。青铜器铭文中并没有以“尊”为其专用自铭的案例。尊作为具体器名始于北宋，后约定俗成，沿用至今。

青铜罍、瓿、彝、卣等在流行一段时间之后便消失，只有尊自商代出现至西汉消亡，伴随着整个青铜时代酒器的盛衰，其地位始终没有别的器物能够代替。这与尊代表一种较高的社会地位有关。尊的器型可分为有肩尊、无肩尊、鸟兽尊。（图 20）

（7）动物尊

动物尊是指形状似动物的一类特殊的盛酒器。器型大都模拟鸟兽形状，又称为“鸟兽尊”。《周礼·春官·司尊彝》：“司尊彝掌六尊、

17

18

19

20

图 17 台北“故宫博物院”藏商子蝠觚。

图 18 美国旧金山亚洲艺术博物馆藏商晚期鸮觯。

图 19 英国 Compton Verney 藏商代鸮方斝。

图 20 宝鸡青铜器博物院藏西周何尊。

六彝之位、诏其酌，辨其用与其实。”郑玄注曰：“六尊：献尊、象尊、壶尊、著尊、大尊、山尊。六彝：鸡彝、鸟彝，斝彝、黄彝、虎彝、蜼彝。”青铜鸟兽尊在殷墟前期开始出现，殷墟晚期到西周时代是青铜动物尊制作的最发达时期，种类繁多，出现了牛、犀、羊、猪、象、鸟、鸭、驹、鱼、虎、兔、皂、怪兽等等尊形。动物尊数量和种类的增多，与当时礼乐制度有着密切的关系。（图 21~26）

21

22

23

24

25

26

图 21~26　日本根津美术馆藏商晚期双羊尊、法国吉美亚洲艺术博物馆藏商晚期象尊、北京保利博物馆藏商凤鸟尊、湖南省博物馆藏西周倗季猪尊、山西博物院藏西周兔尊、上海博物馆藏春秋牺尊。

（8）壶

壶有盛酒之壶和盛水之壶，盛水之壶为盥器，这里指的是盛酒器。《诗经·大雅·韩奕》：“清酒百壶。”《孟子》上说：“箪食壶浆”指的皆为盛酒之壶。青铜器中多有自铭为壶的。青铜壶自商代中期开始出现，流行于西周至汉代或更晚。壶的款式很多，有圆形、方形、扁形、瓠形和圆形带流等多种形状。（图 27）

（9）卣

卣为古代重要的盛酒容器。卣的基本形制多为椭圆形、短颈、上面带盖、深鼓腹、下有圈足，并有提梁，可作盛酒之用。陶器中无这种器物，铜器始见于商代前期，商代晚期和西周早期比较盛行。“卣”字虽见于殷商甲骨卜辞、西周金文及先秦文献，但未有青铜器自铭为卣，宋代人根据《诗经》《尚书》[11] 等先秦古籍上的有关记载考证后而定名。

卣的形体很像壶，除了器物自铭以外，一般区分卣与壶主要看其器盖的盖合方式。壶盖小于器口，盖内插在器口中的为壶；而盖大于器口，盖外扣在器口外的为卣。卣的形状除了椭圆形以外，还有直筒形、方形、圆形以及动物形状的鸟兽卣。（图 28）

（10）方彝

方彝，盛酒容器。形制基本多为方形或长方形，有屋顶形盖，下为圈足。腹有曲的，有直的，有的在腹旁还有两耳。殷墟妇好墓出土的偶方彝是非常罕见的形式。商代早期已有陶质的类似方形器物出现，铜方彝最早见于商代晚期，流行于商代晚期和西周早期。目前既无古籍记载，也无铜器铭文自铭，“方彝”一词是宋代人根据古籍记载、详加考证而名之。（图 29）

（11）觥

觥，一种盛酒器，以铜或木、角质的材料制成。觥的器型特征是形似匜，前部有流，后部有鋬、盖，盖多兽首造型。有的觥内有横向隔断，将内部空间一分为二，有的觥则内附有小勺，为觥是盛

[11]《诗·大雅·江汉》：“秬鬯一卣。”《尚书·洛诰》：“以秬鬯二卣。”“秬鬯”是古代专门用于祭祀的一种香酒，所以卣应该是专门盛放祭祀时所用香酒的容器。

图 27　河南博物院藏春秋立鹤方壶。
图 28　上海博物馆藏商晚期小臣兹方卣。
图 29　陕西宝鸡青铜器博物院藏户方彝。

28

29

27

图 30　上海博物馆藏西周父乙觥。
图 31　上海博物馆藏商晚期亚父方罍。
图 32　上海博物馆藏一对西周仲义父醽。
图 33　美国纽约大都会博物馆藏。J.P. 摩根 (J.P.Morgan) 捐赠的商晚期兽面纹大瓿。
图 34　湖南省博物馆藏春秋缶。

酒器提供了有力证据。觥盛行于商末周初，西周早期以后渐趋消失。目前并无青铜器自铭为觥，其名是按清末学者研究的称呼约定俗成。（图 30）

（12）罍

罍，盛酒器或礼器。罍出现于商代晚期，流行于西周和春秋，有方形和圆形两种形式。罍的标志性特征一般在器腹一侧的下部有一个穿系用的鼻。罍的命名源于器物自铭。（图 31）

（13）醽

醽是一种少见的大型盛酒器。器型上醽似罍但不设鼻。醽出现在西周中期，一直发展到春秋时期，器型逐渐由高变低。醽的命名源于器物自铭。（图 32）

（14）瓿

《说文解字》中写道：“瓿，甂也。甂，似小瓿，大口而卑，用食。”青铜瓿来自陶瓿，在商代早期已经出现，流行于商代晚期。青铜器中无自铭为瓿者。器身常装饰兽面纹、乳钉纹与云雷纹等纹饰。瓿的用途颇有争议，有盛酒、盛酱料、盛肉片与谷物等各种观点。（图 33）

（15）缶

缶，盛酒器、盛水器。这里的缶是指尊缶，而不是浴缶。大腹小口，有盖是其器型特色。《说文解字》解释：“缶，瓦器，所以盛酒浆，秦人鼓之以节歌。”青铜器缶源于陶缶，缶的名称确认来自自铭。（图 34）

（16）盉

盉的器型源自陶盉。盉一般为硕腹，有盖，前有流，后有鋬，下有三足或四足，盖与鋬之间有链相连接。对于青铜盉的功能，东汉许慎在《说文解字》中说：“盉，调味也。”有的学者认为盉是酒器，在早期可能用来盛调酒水以调酒味的浓淡，这种调酒水古人称之为玄酒。但是在商代晚期时，盉就常与水器盘同时出现在随葬

图35 湖北叶家山曾国墓地出土西周铜盉。

器中，因此它同匜一样，可用来盛水沃盥，也是一种水器。它究竟属何类抑或二者兼有，目前学术界仍有不同意见。（图35）

（17）枓

枓为挹酒器，和盛酒器配套使用，实为取酒浆之器。安徽阜阳汝阴侯墓出土的铜勺其铭文称为“枓”。青铜枓最早见于商代晚期。（图36）

（18）禁

禁，承酒樽的器座，是周代贵族在祭祀或宴飨时置放酒器的用具。东汉郑玄在为《仪礼·士冠礼》作注时说：“禁，承尊之器也，名之为禁者，因为酒戒也。”先秦青铜器中没有发现自铭为“禁”者。（图37）

青铜禁有方形和长方形两种形式，四面有壁，并有长方孔。青铜禁传世和考古发掘都极少见，最早见于西周早期，春秋偶尔也有禁，流传甚少。

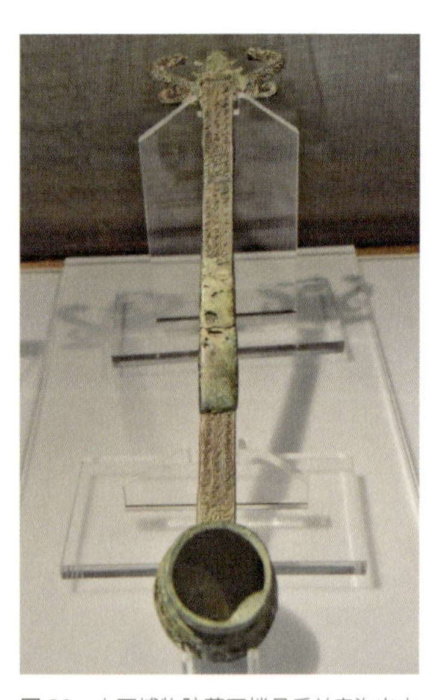
图36 山西博物院藏石楼县后兰家沟出土的商代蛇首扁柄枓。

图37 美国大都会博物馆藏西周柉禁。

3. 盥水器

水器，古人盛用水的器皿，绝大部分是用于盥洗，因此水器又被称为盥器。它大致可分为承水器、注水器、盛水器和挹水器四种，包括盘、匜、鉴、汲壶和浴缶等。青铜盥水器一般多为敞口造型，体型较大，容易受到埋葬环境中墓室坍塌等影响，造成挤压变形、断裂、腐蚀等病害。

（1）盘

盘为盛水器。商周时期宴飨用之，宴前饭后要行沃盥之礼。器名来自于自铭为“盘”的青铜器。西周中期前段流行盘盉相配。西周晚期到春秋战国则多为盘匜相配。战国以后，沃盥之礼渐废，盘亦被“洗”替代。商代以前盘用陶制，商代早期出现了青铜盘。（图 38、39）

（2）匜

匜是盥手注水之器，与盘组合使用。据典籍记载，匜的用途是在洗手时盛水从上而下浇水，下面由盘来承接水。青铜匜最早见于西周中期，流行于西周晚期和春秋时期。青铜器中有自铭为“匜”者。（图 40）

（3）鉴

鉴，盛水器，《说文解字·金部》曰：“鉴，大盆也。”春秋战国青铜器有自铭为“鉴”的。鉴初为陶质，春秋中期出现青铜鉴，春秋晚期和战国时期最为流行，汉代出现漆木鉴。鉴形体一般大口、深腹、平底，有兽耳。

鉴的用途：（一）盛水；（二）盛冰，《周礼》有“春始治鉴，凡外内饔之膳羞，鉴焉。凡酒浆之酒醴亦如之。祭祀共冰鉴”的表述；（三）沐浴；（四）

38

39

40

41

图 38~40 湖北曾侯乙墓出土的曾侯乙盘与曾侯乙匜。
图 41 上海博物馆藏春秋晚期的吴王夫差鉴。

图 42　山西襄汾陶寺遗址出土的铜铃。

图 43　陕西省旬阳县城北出土的商代铜铙。

图 44　陕西省旬阳县城北出土的战国铜钲。

鉴容照面。（图 41）

4. 乐器

青铜乐器是青铜时代音乐文化中最具代表性的历史遗存。青铜乐器按用途可分为两类：祭祀、宴会等典礼时使用和军队使用。形制上，古青铜乐器大致可分铙、钲、钩鑃、钟、镈、铎、铃、錞于、鼓等。不同的青铜乐器之间体量、厚薄、轻重、材质相差悬殊，因此不同青铜乐器的病害类型与程度也差异很大。

（1）铃

铃是中国最早出现的有舌青铜乐器。山西襄汾陶寺遗址（约公元强 2300 年～公元前 1900 年）还出土了一例我国迄今考古发现最早的红铜铸的铜铃（图 42），作为中国合瓦形铜钟形制的先源，它奠定了商周青铜乐器造型的基础，在艺术史上具有划时代的意义。

（2）铙

铙是我国最早使用的打击乐器之一，形体似铃而稍大，口部向上呈凹弧形，底部置有一个中空圆管状的短柄，与体腔内相通，柄中可置木段。商周青铜乐器皆无自铭为“铙”的。《周礼·地官·鼓人》：“以金铙止鼓。”这说明铙是退军时用以指示停止击鼓的。不过，殷墟墓葬中出土的数列三个成组铙，可作为其他乐器相配合的打击乐器。由此可见，商周铙不但用于军队，还可以用于祭祀和宴乐。（图 43）

（3）钲

钲，打击乐器，形体似铙，钲有自铭器，也属于军、乐两用乐器。目前发现的青铜钲最早见于春秋时代。（图 44）

（4）钟

青铜钟在中外古代民族皆是最常见的乐器。在中国两周时代，此种乐器用途甚为广泛。

图 45　湖北省博物馆藏战国曾侯乙编钟。

图 46　陕西省宝鸡市窖藏出土的春秋秦公镈。

青铜钟的主要功能：其一，用作为宗庙祭祀与宗族宴飨时的乐器。其二，地位较高的贵族在日常生活中亦有击钟奏乐以炫耀其地位的。其三，钟亦可为军中乐器。其四，钟亦有如同一般容器类礼器的用途，即于其上铸铭专以记功烈。其五，在礼乐制度中编钟的数量与悬挂方法也有在贵族阶级中分阶层定名位的作用。西周时代的钟多是成套的，构成一定的音阶关系，按大小次第排列，悬挂起来敲击以奏乐。此种钟在典籍中被称为编钟，其名称始见于《周礼·春官·磬师》"击编钟"，郑玄注："杜子春读编为编书之编。"在青铜钟铭中，钟有自铭为"钟"或"镈"。（图 45）

（5）镈

镈，打击乐器，镈的形制与钮钟相同，但形体特大，在祭祀或宴飨时与编钟、编磬相和使用的乐器，盛行于春秋战国时期。

镈的器身横截面为椭圆形。镈为平口，不同于呈弧状的钟口。镈有自铭为“镈”。（图 46）

（6）铎

铎，一种形状似铃铛的古代撞击乐器，盛行于春秋时期至汉代。《周礼·夏官·大司马》记载：“群司马振铎，车徒皆作。”《说文解字·金部》记载：“铎，大铃也。两司马执铎。”这些文献有力佐证了铎可用于田猎和军旅。出土青铜器中又自铭为“铎”的乐器。（图 47）

（7）钩鑃

钩鑃，又名句鑃。是一种成编插制使用的器物，盛行于春秋晚期至战国时期。出土青铜器中有自铭“钩鑃”的乐器。（图 48）

（8）錞于

錞于，我国青铜时代铜制军中打击乐器。錞于形如圆筒，上部比下部稍大，顶上置钮。

现发现最早的錞于作于春秋时期。《国语·吴语》曰：“鼓丁宁、錞于、振铎。”《周礼·地官·鼓人》：“以金錞和鼓。”錞于常与鼓配合，用于战争中指挥进退。郑玄注：“錞，錞于也。”《淮南子·兵略训》曰：“两军相当，鼓錞相望。”多用于战阵。（图 49）

（9）鼓

鼓，打击乐器。它来源于木质鼓，形如横置的筒形，上有一个枕形座，用

图 47　忠县㽏井沟崖脚墓第 25 号楚墓出土的战国青铜铎。

图 48　湖北荆门包山二号墓出土的战国透雕龙纹钩鑃。

图 49　重庆中国三峡博物馆藏春秋青铜虎钮錞，高达 68 厘米，重 30 公斤，是目前中国发现的体量最大的錞于。

图 50　湖北省博物馆藏崇阳铜鼓。

以插杆饰，下为长方形圈足。青铜鼓传世和出土极少见，仅见于湖北省博物馆与日本京都泉屋博古馆。（图 50）

5. 兵器

青铜兵器是从狩猎工具发展而来。对于青铜时代的各国而言，“国之大事，在祀与戎”[12]。作为国家军队必不可少的组成装备，青铜兵器在当时曾被大量铸造。虽然经历了战争与时间的大量消耗，但遗存的青铜兵器仍然是青铜器中的一个大类。青铜兵器可分为攻击型兵器和防御型兵器。攻击型兵器可以分成长兵器、短兵器、远射程兵器，器型包括有戈、戟、矛、钺、戚、殳、刀、剑、匕首、弩机、矢镞等等；而防御性兵器主要是盾、胄、甲。无论是攻击型兵器还是防御性兵器，当时大都与其他竹木、皮革、绳线、髹漆甚至金银珠宝玉石等多种材质一起配合制作与使用，有机类材质容易溃朽，出土往往只剩较耐腐蚀的部分。

在出土的兵器中还有一种比较特殊的陪葬现象——毁兵葬。当时人故意将兵器扭曲、折断等方式毁坏，并有规律地放置于墓葬中。这种“破坏” 兵器的案例自晚商殷墟时期已经开始。毁兵葬这样“原发性”破坏造成的“病害”本身就带有重要的考古价值，因此并不将其归类于需要修复保护的范围中。

（1）戈

戈是先秦时期兵器中最常见的一种，古称勾兵，是用以钩杀的兵器。完整的戈由戈头、柲、柲冒和柲末的鐏构成，有些戈还配有漆木戈鞘。先秦戈的存世量巨大，不同时代和区域的形制和大小也有不同，其病害主要集中在援、内、胡的断裂与戈身表面腐蚀，以及镶嵌物与错金银脱落。（图 51）

（2）矛

矛，冲刺型兵器，由矛头、矛柲和矛镦构成。原始石木兵

[12] 选自左丘明《左传 · 成公 · 成公十三年》。

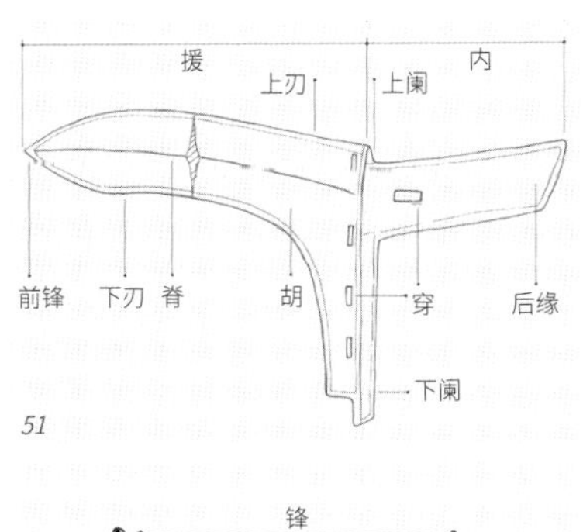

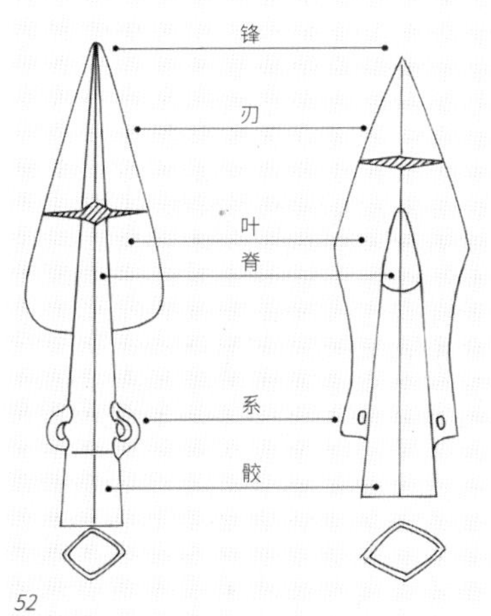

图 51　青铜戈各部分名称示意图。
图 52　青铜矛各部分名称示意图。

器时期就出现矛的雏形。青铜矛结构简单，形制设计较抗冲击力。（图 52）

（3）戟

《说文解字》载：“戟，有枝兵也。”戟是一种将戈和矛组合在一起，形成有勾啄和刺击双重功能的格斗兵器，战斗效能明显优于单独的戈和矛。由于青铜戟是戈和矛组合，形制偏大，其病害主要集中戟身的断裂与表面腐蚀。

（4）铍

《说文解字》曰“铍者，剑刀装也”。铍是古代著名长兵器之一，铍的外形极似短剑，铍之锋和短剑相同，平脊两刃，铍身断面为六边形，后端为扁形或矩形的茎，以便穿钉固定在长柄上，是一种极其锐利的刺杀兵器。青铜铍与青铜剑的病害类似，主要集中在铍身断裂、刃口残缺与表面腐蚀。（图 53）

（5）钺

钺是具有权杖一类性质的兵器，它由新石器时代作为复合生产工具的穿孔石斧演变而来。“钺者，大刃之斧也。”青铜钺的政治作用远大于军事作用，属于仪仗类器物，一般作为征伐权力的象征。青铜钺一般铸造精良，形制较为厚实稳重，抗压性强，病害主要为器物表面腐蚀。（图 54）

（6）刀

青铜刀为砍杀兵器。青铜刀出土与存世较少，一般都铸造精良，病害主要为表面腐蚀。（图 55）

（7）剑

剑属于短兵器，素有“百兵之君”的美称，是古代贵族和战士随身佩带用以自卫防身和进行格斗的兵器，可斩可刺。东周时期，人们佩剑还有表示身份等级的意思。青铜剑铸造精美，耐腐蚀，铅锡含量相对偏高，使其容易折断。青铜剑的病害主要为剑身断裂、刃口残缺、镶嵌物脱落与表面文字模糊。（图 56）

（8）弩机

弩是用机械力射箭的弓，作为中国古代工程技术的发明之一，是由弓发展而成的一种远程射杀伤性武器，是冷兵器时代军事中的重要武器。弩由弓、弩臂、弩机三个部分构成。弓和弩臂大都为有机材质，在埋葬过程中基本都

图 53 “十六年大良造”商鞅铍。

图 54 湖北黄陂盘龙城出土的商龙纹钺。

图 55 上海博物馆藏商龙纹刀。

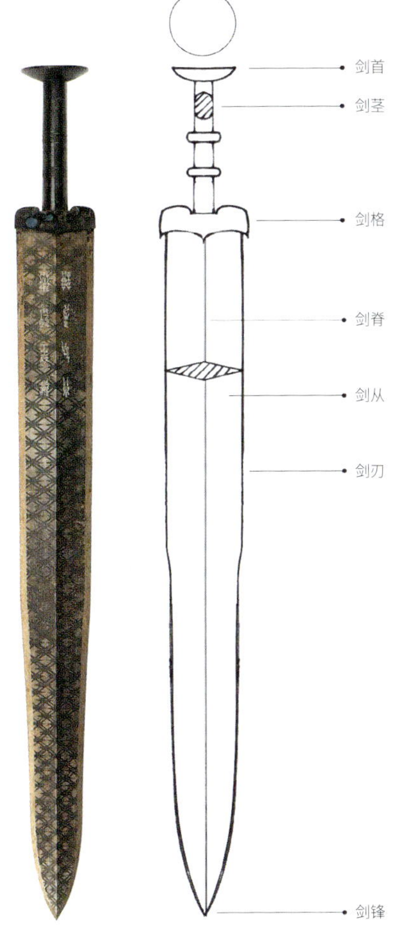

图 56 越王勾践剑各部分名称示意图。

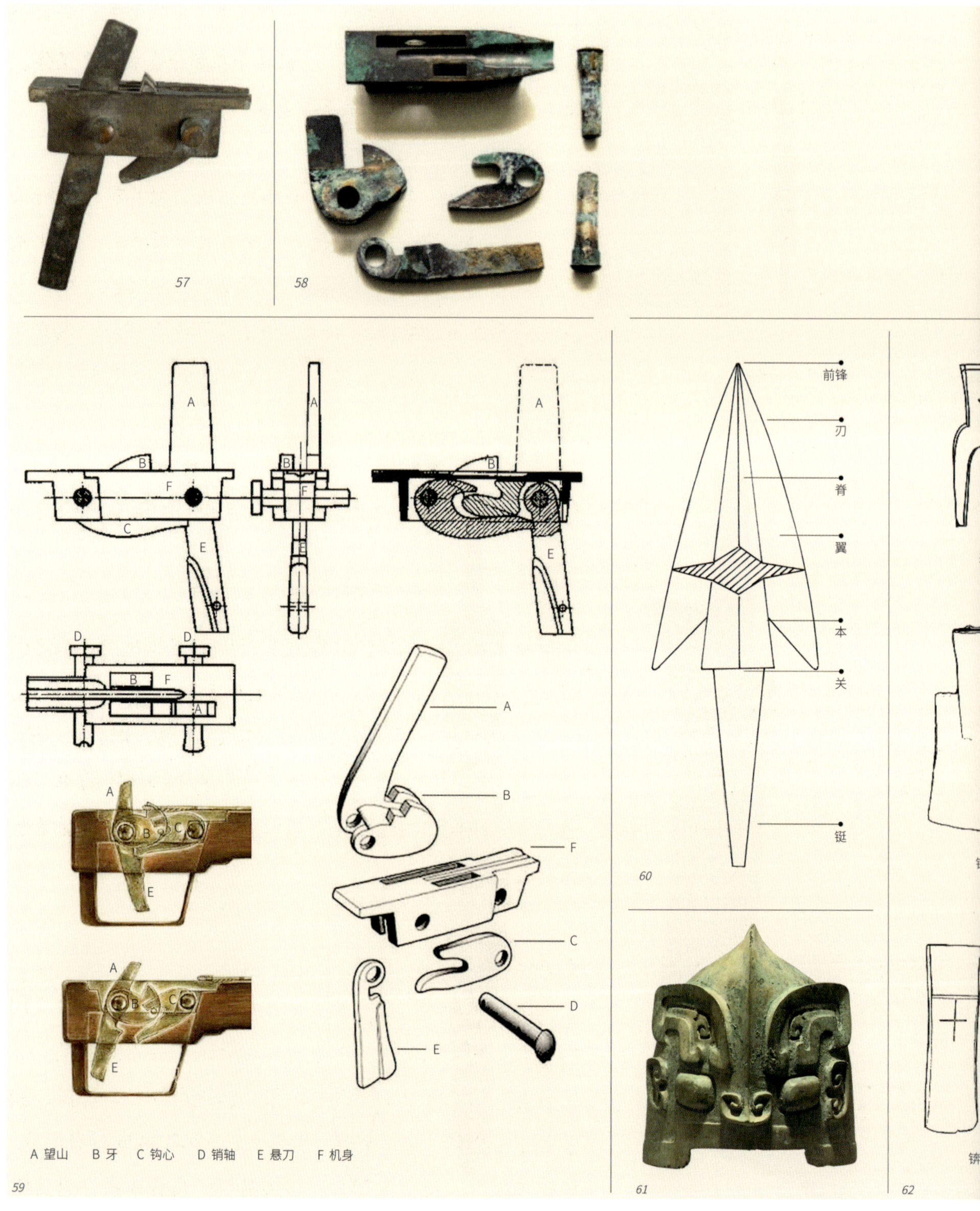
57
58
A
B
F
C
E
D
前锋
刃
脊
翼
本
关
铤
60
A 望山　B 牙　C 钩心　D 销轴　E 悬刀　F 机身
59
61
62

图 57~59　青铜弩机各部分名称与结构示意图。
图 60　青铜矢各部分名称示意图。
图 61　江西新干大洋洲出土的商兽面纹青铜胄。
图 62　青铜工具的种类。

已溃朽。弩机是一种转轴连动式的精巧青铜装置。弩机由牙、郭、望山、悬刀、钩心、枢轴等几部分合成一个整体。出土青铜弩机的病害主要集中在构件锈蚀。（图 57~59）

（9）矢镞

箭由矢镞、箭杆、箭羽等部分组成。把具有远程射杀伤性武器的弓弩比作枪支的话，那矢镞就是子弹。由于箭是消耗品，箭杆、箭羽多为有机材质，因此现在发现的大多是最具杀伤力的矢镞部分，整体设计非常符合现代空气动力学原理。青铜矢镞最早见于夏代晚期。（图 60）

（10）胄

胄，保护头部的服具，又称盔，汉以后又叫“兜鍪”。胄出土量很少，目前出土青铜胄的病害主要为锈蚀。（图 61）

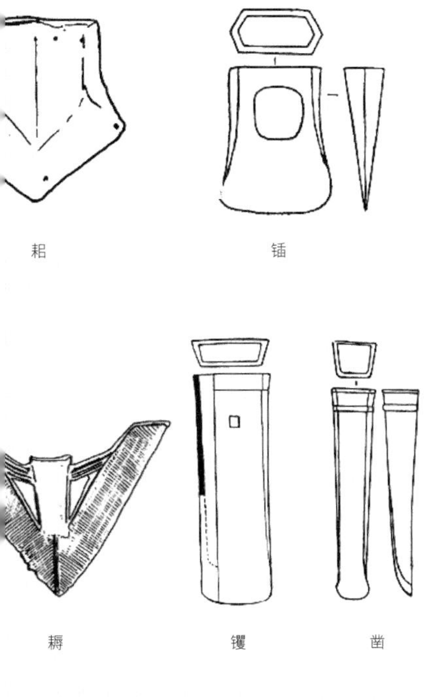

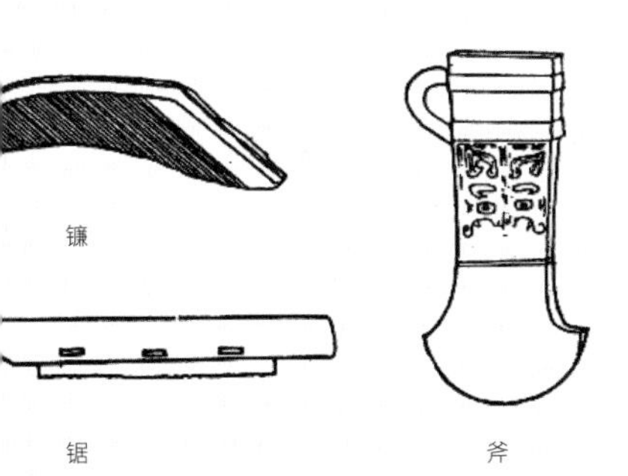

6. 工具

所谓的工具，即包含青铜农具以及青铜生产工具（图 62）。农业与手工业是青铜时代最基本的生产方式。已经发现的青铜工具主要包括耒、耜、铲、钁、锛、锸、锄、镰、斧、斤、凿、锯等。青铜工具一般结构比较简单，铸造厚实，注重耐用性，没有过多纹饰，病害主要为原始磨损与表面腐蚀。

7. 杂器

虽称为杂器，实则是一个数量庞大、品类繁多的实用器群体。它包括除上述的七大类以外的所有青铜制品，大致分为货币、度量衡、符与印玺、建筑构件、车马器、铜镜等生活用具。这些杂器存世量大，公私收藏皆数量可观，传播地域广，流传时间久，很多品类已自成体系，是日常文物修复保护中遇到的数量最多的品类。

（1）生活用具

生活用具包括铜镜、带钩、洗、樽、熏炉、炭箕、青铜灯等等。

（2）货币

古代货币有布币、刀币、杯币、圜币。

（3）度量衡

此类杂器包括尺、量、衡、权。

（4）符与印玺

（5）建筑、家具、家装构件

（6）车马器

车马器，包含车器与马器。车器是指车上的所有功能性和装饰性铜质配件。马器是指附着于马身上的功能性和装饰性铜质器具。（图 63）

图 63　西周车马器。

（二）青铜器的时代特征

不同时期、不同学者对于中国青铜器的分期有不同的理解。本书基本采用的是上海博物馆中国古代青铜馆的青铜器分期法，共分为：萌生期青铜器、育成期青铜器、鼎盛期青铜器、转变期青铜器、更新期青铜器、衰退期青铜器。[13]（图 64）

图 64　中国青铜器时代与世界主要文明和文化的对照

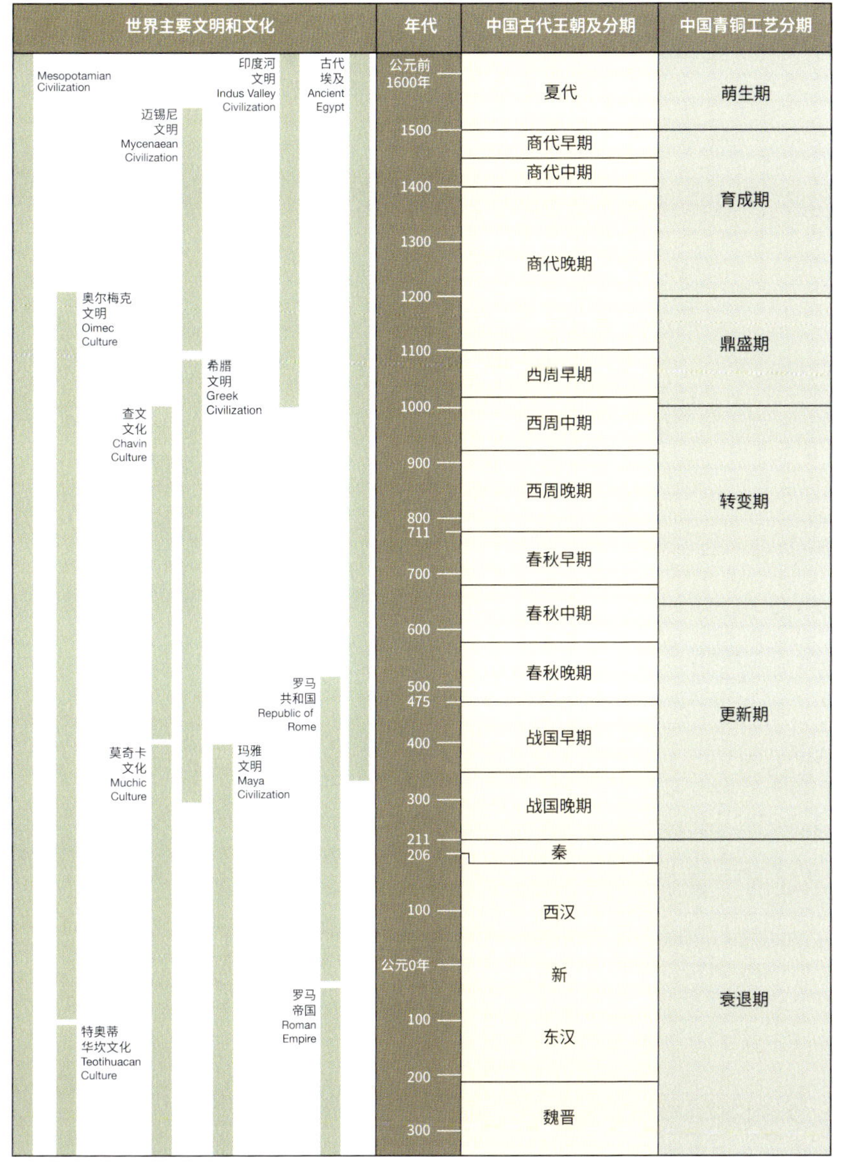

[13] 上海博物馆：《中国青铜器展览图录》，五洲传播出版社，2004 年 8 月，第 4 页。

1. 萌生期青铜器

二里头文化（前 21 世纪 - 前 17 世纪）是介于中原龙山文化和二里岗文化的一种考古学文化。它是中国青铜时代的开端，是华夏文明的重要组成部分。遗址发现有铜炼渣、坩埚残片、孔雀石等铸铜遗迹，表明确实有铸铜工艺存在。[14]

[14] 上海博物馆：《中国青铜器展览图录》，五洲传播出版社，2004 年 8 月，第 5 页 - 第 11 页。

二里头文化青铜器的造型和纹饰承接了新石器时代石器和陶器的特征，又在形制上有着显著区别。这些现象表明，中国青铜工艺在初创阶段就进步快速，由仿制陶器迅速发展到了自主设计器形。

二里头文化出土的青铜器上迄今还未发现文字。形制上一般器壁较薄，纹饰简单。器身上常有补铸痕迹，证明了青铜铸造技术初期就已经出现了以恢复功能性而产生的补铸修复工艺。由于器壁轻薄，挤压变形与断裂残缺往往是这一时期出土青铜器的最大病害。

2. 育成期青铜器

商（前 16 世纪 - 前 11 世纪），公元前 16 世纪灭夏建商。郑州是商代早期的重要城邑，这里出土的商代早期青铜器基本摆脱了陶器形制的影响。商代中期青铜器装饰的主题是兽面纹， 纹饰多为阴刻，粗犷而简洁，兽面纹往往双目突出。器物附饰开始采用高浮雕手法。商代中期的青铜器上，还出现了一些类似文字的符号。

3. 鼎盛期青铜器

多姿多彩的纹样装饰将商代晚期青铜工艺推向了青铜时代的第一个高峰。铭文在商代晚期相当数量的青铜器上出现，以氏族徽记和名号为主。文字较多保留了象形文字的特点，笔势刚劲，笔画浑厚，被称为“波磔体”。

商代晚期铜矿开采和冶炼较之过去有相当大的发展，青铜器的器壁普遍厚重。更为复杂的浑铸、分铸、铸焊、铆接等技术也被广泛应用。这一时期的青铜器受到历代金石藏家的追捧，因此通过伪刻纹饰和铭文、拼凑、改制等手段来修复和作伪的现象在这一时期相当普遍。

4. 转变期青铜器

西周中晚期的青铜器形成重食的体系，列鼎制度、编钟制度和赐命作器之习已经形成。作器铸铭盛行，多见有长篇铭文的重器。青铜工艺开始由鼎盛期的豪华精丽向端庄厚重转变，器型的简洁实用和纹饰的朴实简约相得益彰。

5. 更新期青铜器

春秋战国时期，王室的礼器几乎消失，代之而起的是列国器物大量出现。青铜器地域风格的形成，各地区之间逐渐交流。青铜铸造技术得到长足进步，模印法制范、铸镶、嵌错、鎏金、锻打、铆接等多种工艺得以空前发展。其中失蜡法的应用，更使青铜艺术迈向了一个全新的境界。高超的青铜铸造技术使得这一时期很多斗巧争新的青铜器器型层出不穷。纹饰烦琐，器型偏大，工艺复杂，这也使得这一时期青铜器的病害变得更为复杂。

6. 衰退期青铜器

中国青铜器的衰退期是指两汉至魏晋时期。此时，由于冶铁工业的飞速发展以及制陶、漆木等多种手工业的发达，使青铜铸造业迅速萎缩。但青铜器并未彻底消失，在铜镜、带钩、灯具等日用铜制品领域仍广泛应用。

（三）青铜器的制造工艺

先秦时代，中国人已经掌握了很多青铜器制造加工成型的方法，包括铸造成型、塑性成型、切削技术以及焊接技术等。其中主要的成型方法就是铸造成型与塑性成型。

1. 铸造成型

铸造是指将固态金属熔化为液态倒入特定形状的铸型，待其凝固成型的加工方式，是人类掌握的比较早的一种金属热加工工艺，也是商周青铜器最主要的制造方法。[15] 中国古代青铜器铸造技术可分为范铸成型与熔模铸造两类。

[15] 周文亮、关梅梅：《铸造与铸造工艺技术研究》，《科学技术创新》2011 年。

[16] 李迎华、杨益民、周卫荣、董亚巍等：《古代陶范原料配方含有草木灰的化学判断方法》，《岩矿测试》2009 年 02 期，第 134-138 页。

（1）范铸成型法

范铸法是以模与范组合成铸型，因此，模与范是青铜铸造过程中不可或缺的重要用具。汉王充《论衡·物势》曰："今夫陶冶者初埏埴作器，必模范为型，故作之也。""模范"一词本义就是指制造器物时所用的模型，引申义才是指值得人学习或取法的榜样[16]。在铸造中，"模"是指用于制范的原型，"范"是指依照模的形状和纹饰翻制出来的铸型。二者相配合，形成"依模制范，依范制器"的流程。"范"又分单范与复合范，多层次复杂的青铜器型与纹饰必须用复合范才能铸成。随着技术的发展，"模范"的材质也伴随着技术的进步而不断地改进。根据不同的材质，"模范"大致又可以分为三类：

图 65　中国国家博物馆收藏的东周齐国齐大刀石子范。

图 66　陕西历史博物馆收藏的战国石矛范。

① 石范

石范是目前已知最早的用于铸造的模具材料之一。这与人类早期文明从漫长的石器时代发展而来密不可分，石器时代的先民早已熟练掌握了石材的性能与制作石器的方法。石范需雕刻型腔与纹饰才可铸器。石范一般用青石板、蛇纹石、滑石等雕刻而成，硬度低，质地细腻，易雕刻精细纹饰，且可重复使用。不过石范的透气性差，要利用合范间隙来解决透气性，定位困难，加工效率低，精度差。这些决定了石范只能铸造一些表面纹饰简单的工具、武器和货币类青铜制品。图 65 为中国国家博物馆收藏的东周齐国齐大刀石子范，图 66 为陕西历史博物馆收藏的战国石矛范。

② 陶范

陶范法铸造技术是将中国青铜时代引向辉煌的铸造技术，其精细与多变的组合适用性也是将青铜器纹饰发挥到极致高度的技术。陶范的原料是由砂、熟料（使用过的陶范粉）、草木灰、植物纤维及原生土按照一定比例混合形成的。[17] 混合料中的砂能增加陶范的耐火度，熟料能减小陶范在高温中的收缩量，植物纤维和草木灰能增加透气性。配制好的混合料要加入适量水后充分揉捏，使成分混合均匀，还需在潮湿环境下放置一段时间，陈腐稳定，最后才能用于翻制陶范，以达到器型完整、纹饰精美的最佳铸造效果。河南安阳殷墟商代大型铸铜遗址（图 67）、陕西省扶风县法门镇庄白村西周铸铜作坊遗址（图 68）、山西侯马东周晋国铸铜遗址（图 69），都出土了商周数以千计的铸造青铜器用的精美陶范。

[17] 上海博物馆：《认识古代青铜器》，艺术家出版，1995 年 8 月，第 17 页。

[18] 陕西考古研究所：《侯马陶范艺术》，普林斯顿大学出版社，1996 年，第 99 页。

67

69-1

69-2

68

69-3

图 67　河南安阳殷墟商代大型铸铜遗址出土的商代陶范。
图 68　陕西省扶风县法门镇庄白村西周铸铜作坊遗址出土的西周陶范。
图 69　山西侯马东周晋国铸铜遗址出土的东周陶范。[18]

图 70-1
图 70-2
图 70-3
图 70-4

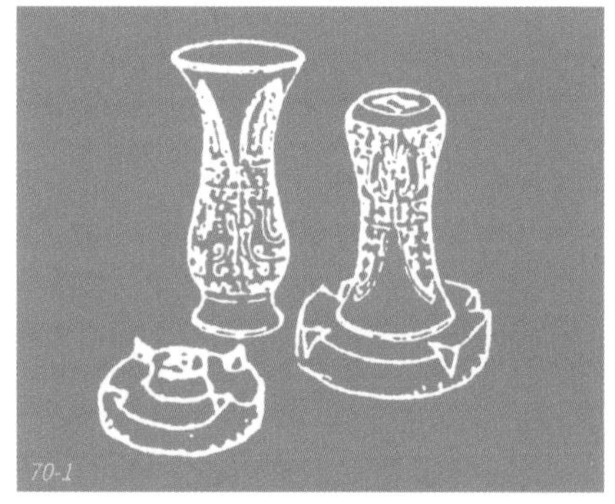

1. 雕塑出待铸造觯的泥模，刻出器上的较为突出的主纹饰。

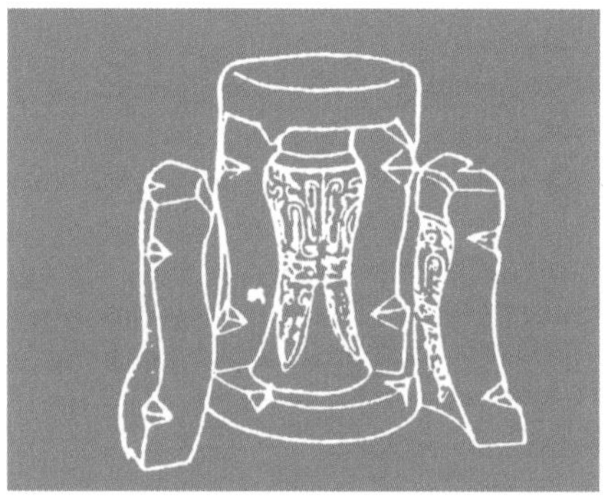

2. 将泥模烘焙至硬，然后在泥模上分块翻制成外范。

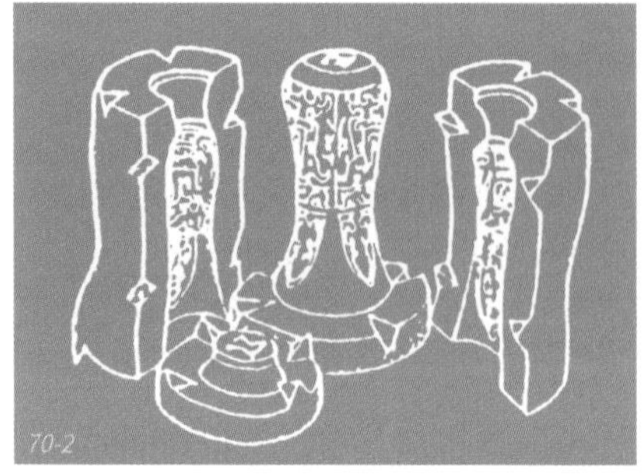

3. 在外范面上修整加强主纹，并填充加刻底纹。

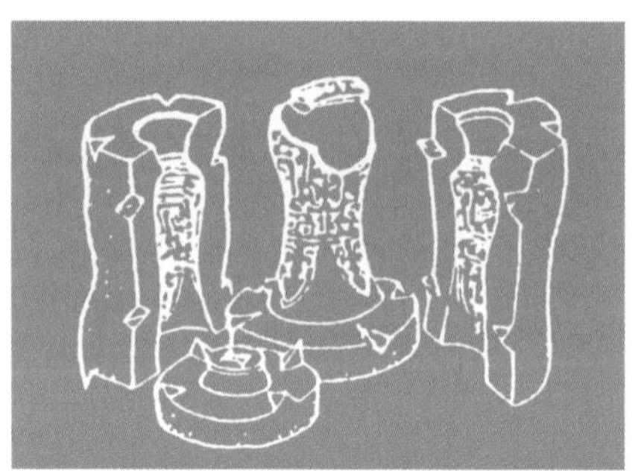

4. 在外范表面贴上一层泥片，厚度与最终得到的器物壁厚一致。组合后再次翻制，得到器身泥芯（内范）和带浇口、冒口的器足范，再剥离泥片形成待铸器物的壁厚空腔。

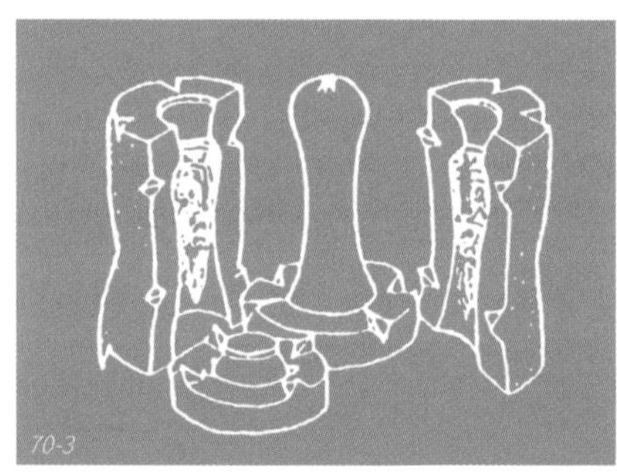

5. 制作铭文泥模，烘干后嵌入器身主体泥芯形成复合泥芯。铭文和器型在制模时是分开的，而且也决定了大多青铜铭文都是内凹的阴文。

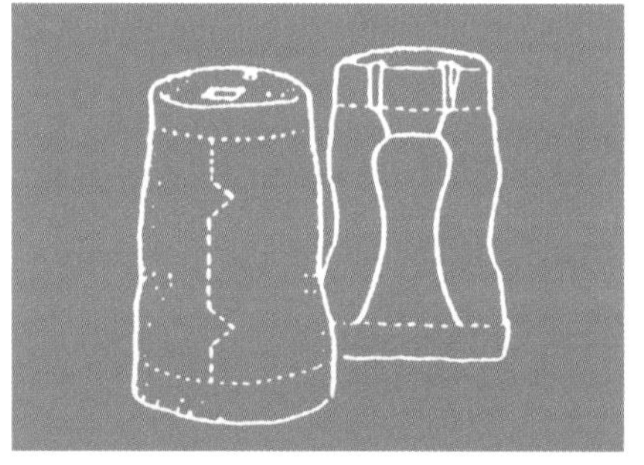

6. 合范，将外范内范组合成一体，并在外糊上草拌泥固定。

7. 阴干陶范后，烘焙至 600~900 度预热，待浇注。

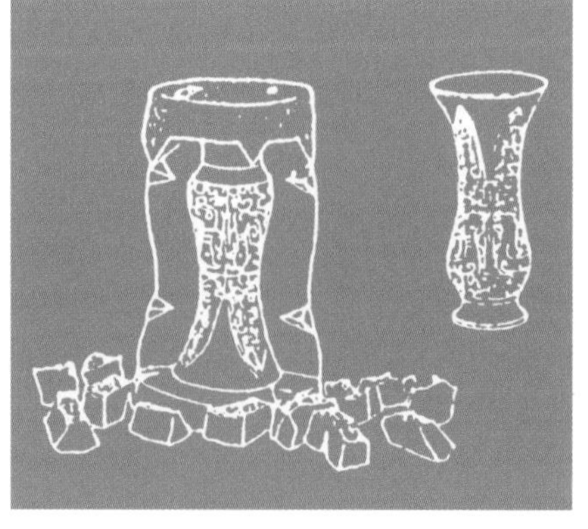

8. 浇注青铜液，冷却后清除陶范（打碎），一切顺利就可以得到纹饰精美的青铜器。

左页为陶范法铸造流程（以上海博物馆收藏的西周父庚觶为例）。（图 70）[18]

③ 金属范

早在先秦时期，我国即出现了金属范铸工艺。铜范是金属范的一种。金属范铸纹饰的原理和石范有些类似，纹饰需事先刻画在金属模范上（金属范本身也是通过陶范铸造的），可反复使用。[19] 早期金属范往往是和陶范组合使用，完成单面带有纹饰的青铜铸件。到了秦汉时期，这一工艺便已广泛应用于钱币铸造，金属范也逐渐成为铸币陶范的母范，成为重要的铸钱工艺，其对我国钱币铸造技术乃至金属铸造技术的发展有着重要的影响。（图 71、72）

（2）焚失铸造法

焚失铸造法又称“失模铸造”，是一种整体铸型工艺，常用于铸造中国青铜器的附件，其特点是铸件没有范线。[20] 例如在制造绳纹编织效果的青铜配件时，直接将易被焚毁的绳子编织做模。整体的外范包裹后，连同模及范一起焙烧，编织绳高温成灰。除去这些灰后，就可以获得一个完整的铸型。焚失法铸造在商中期就已出现，东周时期遍及黄河及长江流域，也为后期失蜡法的出现提供了基础。（图 73）

（3）熔模铸造法

“熔模铸造法”是采用中低温可溶性材质（例如蜡、铅等）做成铸件的模型，再用耐高温材料填充和包裹。经过高温烘烤，使得中低温可溶性材质全部熔化流失，整个铸件模型变成空腔，再往内浇灌青铜溶液，铸就成器。

失蜡法是熔模铸造法中使用最广泛的一种。在中国，失蜡法的出现晚于范铸法。根据考古资料显示，中国失蜡法技术最

[18] 陕西考古研究所：《侯马陶范艺术》，普林斯顿大学出版社，1996 年，第 99 页。

[19] 李迎华：《汉代铜范铸钱工艺及其模拟实验》硕士论文，中国科学技术大学，2005 年。

71

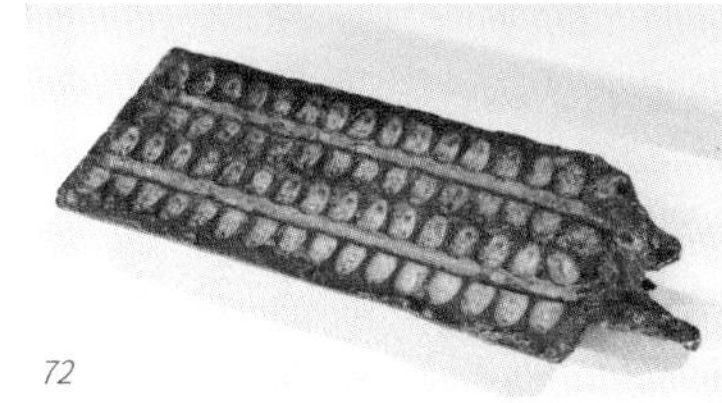
72

图 71　新朝阳文货布铜范。
图 72　楚国蚁鼻钱铜范。

图 73　南京春秋土墩墓出土的青铜鼎耳采用焚失法制作。

早出现在春秋时期。1978，年南阳淅川下寺春秋楚墓出土的春秋中期云纹铜禁是中国目前发现的最早的失蜡法铸件之一。（图 74、75）

与范铸法不同的是，失蜡法主要是以蜡做成铸件的器型与纹饰，再用耐高温材料填充泥芯和敷成外范。经过加热烘烤后，蜡模全部熔化流失，再将青铜熔液浇灌入空腔，便铸成器物。以失蜡法铸造的器物可以达到传统范铸法无法达到的内部三维结构，以达到玲珑剔透的效果，如同 3D 打印效果一般，是铸造技术的一大进步。

熔模法（失蜡法）铸造西汉鎏金透雕蟠龙熏炉的技术步骤[20]。（图 76）

失蜡法工艺从先秦出现至今已经两千五百余年，如今铸造青铜复制品仍然沿用此法，足见当时的青铜铸造技艺已

74

75

内胚贴蜡

雕刻蜡模

组装浇口

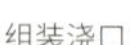

制作外范

烘烤脱蜡

浇注铜液

清除外范

76

图 74　1978 年南阳淅川下寺春秋楚墓出土的春秋中期云纹铜禁。
图 75　采用失蜡法铸造的战国曾侯乙尊盘。
图 76　上海博物馆展示的失蜡法铸造的工序与流程。

[20] 谭德睿：《艺术铸造》，上海交通大学出版社，1996 年 8 月。

图 77-1 塑造大鼎结构与造型。
图 77-2 塑造大鼎纹饰。
图 77-3 修整大鼎纹饰。
图 77-4 翻制大鼎外范。
图 77-5 通过外范翻出大鼎蜡模。
图 77-6 通过失蜡法进行铸造。
图 77-7 清理鼎身铸造模壳。
图 77-8 大鼎表面精细打磨。

[21] 陕西考古研究所：《侯马陶范艺术》，普林斯顿大学出版社，1996年，第18页。

经达到了巅峰。图 77 展示的是采用失蜡法铸造青铜大鼎的过程。

无论采取哪一种铸造工艺，器物铸成脱除外范后，对铸件的修整是至关重要的。《荀子·疆国篇》称："刑范正、金锡美、工冶巧、火齐得，剖刑则莫邪已。然而不剥脱，不砥厉，则不可以断绳。剥脱之，砥厉之，则劙盘盂，刎牛马，忽然耳。"[21] 这一段话不仅特指铸剑，对于先秦青铜器制作亦有比较普遍的意义，将器物铸造明确地分成铸造、铸后加工两阶段。前四句概括了古代青铜器冶铸工艺的四个要素，意为：铸型必须形制端正、尺寸准确，要用优质的铜锡配制合金，匠师具有熟练的技巧，合金的熔炼、浇注均要火候得当。这体现了先秦时期人们对于冶铸技术要诀的理解。后一段就是讲求铸后加工的重要地位。事实上，铸后加工由粗到细、由简到精的整理打磨过程，对于青铜器纹饰最终呈现的效果具有关键的作用。[22]

[22] 刘煋、岳占伟:《复杂化生产：晚商青铜器陶范铸造工艺流程》，中国考古网。

2. 塑性成型

塑性成型就是利用材料的塑性，在工具及模具的外力作用下来加工制件的工艺方法，包括锻造、拔制、錾刻等。

（1）锻造

其实锻造技术在铜器出现的早期就已经使用。田野考古发现证明纯铜在最初被使用时，确实是以直接捶打锻制的方法来制造器具的。从国外早期铜器出土资料可知，迄今所知较早的纯铜器，发现于土耳其恰约尼前陶新石器时代遗址中，时间为公元前 7500 年左右。这些纯铜器就是利用自然铜矿石直接打制的钻孔珠、方形的扩张锥及别针等。我国齐家文化遗址中出土的中国早期铜器中的纯铜器，也基本为直接打制成形的。

（2）錾刻

錾刻是一种利用金、银、铜等金属材料的延展性，在青铜器表面结合锻打、挤压、雕刻等方法制造纹饰的装饰工艺。它在青铜器纹饰的制作工艺上占有一席之地。“錾”与“刻”是两种不同程度的纹饰成型工艺。錾，小凿也。所谓“錾无锋”而“刻有锋”，前者大片圆润，后者深狭精细。当然中间还融合了一些钻孔、打磨等切削加工工艺，它们都是随玉石器、骨角器等加工技术演化而来。操作者利用坚硬而精细的各种錾子，在青铜器表面凿刻和镂刻出繁缛精致的人物、动植物以及几何纹样图案，使素器变得精美而华丽。

錾刻萌芽于春秋晚期，成熟并流行于战国及汉代，是后期青铜器纹饰装饰技法之一。云南江川李家山出土的八牛贮贝器的束腰圆筒形器身上錾刻了牛、孔雀、马、雉鸡等四层动物造型。（图 78）

二 中国古代青铜器的纹饰与装饰工艺

李济先生说：“中国古代文明中至少有三件事物是确确凿凿土生土长的，即骨卜、蚕丝与殷代的装饰艺术。”[23] 这里所谓殷代的装饰艺术，主要就是指青铜器的装饰工艺，包括青铜器的纹饰。它具有极高的艺术、宗教及历史学价值。

[23] 李济：《中国文明的开始》，外语教学与研究出版社，1957 年。

青铜器的研究，除分期、铭文、工艺备受关注外，青铜器纹饰也一直是人们研究的对象。纹饰是装饰花纹的图案总称。青铜器纹饰是装饰青铜器的图案，是千年中国美术发展史的非常重要的组成部分。世界上所有的图案纹饰都是由简入繁、由粗变精，这仅是人类对图案纹饰的追求日益细化，需要给纹饰赋予更多的内涵，从而表达更多的信息。其实这种对纹饰图案的不断追求也是人类脑力思维的进步，是创造力的图案纹饰化表现。从另一角度来看，

图 78　上海博物馆藏云南江川李家山出土的八牛贮贝器，束腰圆筒形器身上錾刻了牛、孔雀、马、雉鸡等四层动物造型。

要将这些创造力付诸实施，变为作品，也是需要技术工艺的不断细分化和进步，从而不断创造与实现之前不能完成的作品。

第一件青铜制品的诞生，表面基本都是素的，因为对于材料的变革而言，功能性是其最大的价值体现。随着铜、青铜等金属制品需求的增加，其制作工艺也随之飞速提高与成熟，并不断趋于完善。以至于在汉代之前青铜器的铸造工艺就已经基本完成了进化，成为一项稳定和成熟的工艺，在其后的千年间，青铜制作工艺并没有太大改变。而青铜器的纹饰，在青铜时代的不同时期却具有各自的特点，并随着时代的前进、地域的变迁而不断演变与创新。从萌生期简单的阴纹线条到鼎盛期青铜器上复杂的“三层花”[24]纹饰，青铜器纹饰正是这种演变与创新的图案性体现，是先秦青铜器的一种图形化的语言。

[24]“三层花”是旧时古董行业内术语，是指青铜器上高低不同层次的三种纹饰，即凸出的主纹饰、主纹饰上的阴刻纹饰以及铺底的云雷底纹。

（一）解读青铜器纹饰的意义

中国青铜器是先秦时代权力和财富的奢侈用品，是政治和宗教最主要体现的承载物。因此青铜器纹饰也不仅仅是青铜器表面的装饰纹样，还是当时手工艺水平、铸造技术、科技能力、历史文化、社会形态、宗教信仰等信息的集中体现。正如德国艺术史家格罗塞所说：“原始形态的艺术有时给人的第一感觉是怪异而无艺术性的，一旦我们更细致地考察便会发现它的形成与支配最高艺术发展的规律是相适应的。”

从不同角度对青铜器纹饰进行解读，是全面认识和理解纹饰的有效方法。以青铜器纹饰中的动物纹饰为例，早期的人类文明里任何一种纹饰以及所谓的神兽、神物大都是具象的，它们大部分来自自然界动植物的组合拼凑。有学者认为，人类的想象力并非天生就天马行空，而是一种阅历与知识体系累积的变量，人类很难从有限的已知空间领域内去想象出一种从未见过和感知过的物质。就好比在没有望远镜与显微镜之前，人们无法想象宏观世界与微观世界。例如青铜器动物纹饰中较为典型的“双目”，“双目”的形状基本有两类：一类是双目呈半球形高突，凸起的眼球中央有正圆形瞳孔状凹陷（图 79-1）；另一类双目呈圆角长方形高突，中间有凹陷的横条状长方形瞳孔。（图 79-2）

那么这些形态是写实还是想象呢？我们从自然科学的角度找到了答案。2015 年，海外学者对陆生动物习性与瞳孔形状之间的关系进行了分析和梳理，并在 Science Advances 上发表了研究成果。[25] 研究人员对 214 种来自不同科的陆生动物的生态位（捕食者与被捕食者）、一天中活动的时间（昼行、夜行、昼夜活动）以及瞳孔形状（圆瞳、近圆瞳、竖瞳、横瞳）进行了对比，发现瞳孔形状与它们的生态位之间有着明显的联系。比如，大多数昼行的主动捕食动物则有着圆形瞳孔，而夜行和昼夜活动的伏击捕食动物则通常有着竖瞳。而作为被捕食者的食草动物大都长着横瞳。横瞳会增加物体在横向上的视角，能帮助它们拥有清晰的横向全景视觉，以探测来自不同方向的捕食者。（图 80）

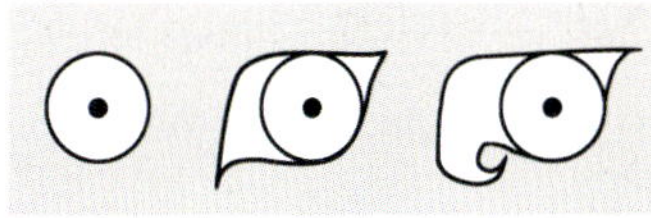
79-1

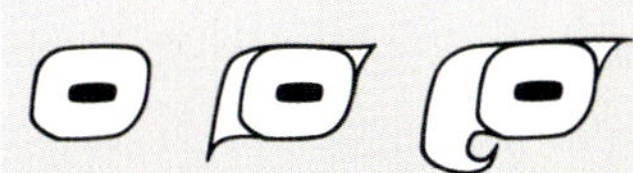
79-2

图 79　动物纹饰中“双目”的类型。

[25] “Why do animal eyes have pupils of different shapes?,” by M.S. Banks; W.W. Sprague at University of California, Berkeley in Berkeley, CA; J. Schmoll; J.A.Q. Parnell; G.D. Live at Durham University in Durham, UK., *Science Advances*, 2015.

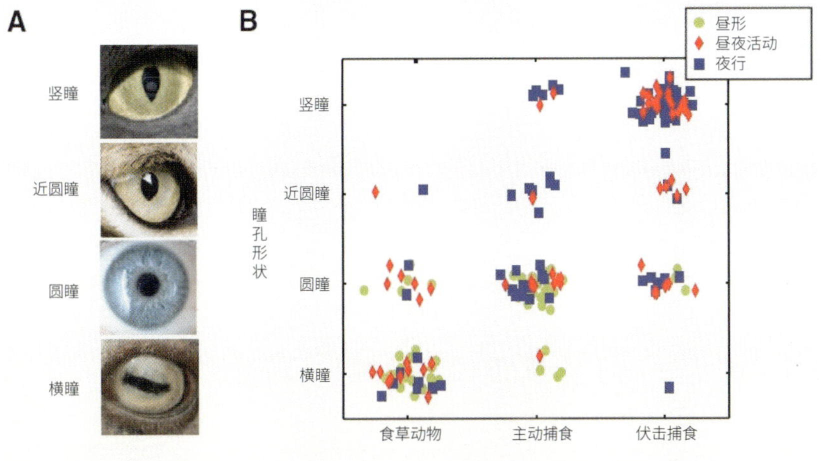

图 80　瞳孔的分类。

上海博物馆收藏的西周早期古父已卣的器腹和器盖上的牛头纹，那对饱满凸起的圆瞳大眼正是对自然界牛的真实刻画（图 81）。同样，瑞士苏黎世里特贝格博物馆收藏的商晚期兽面纹鬲鼎，鼎腹上带有横条状瞳孔的山羊纹饰正是对山羊类带有横条状瞳孔的食草动物的写实描绘（图 82）。由此可见，先人在创作器物纹饰时也是充满了对自然界的观察与记录。

纹饰的产生除了装饰性以外，还具有震慑、崇拜、阶级区分等象征意义。承载信息的纹饰需要具有描述和传递的功能。一个功能性的纹饰需要落实制造时必须呈现一个具象形象。 纹饰的具象化也便于复制与推广。青铜器纹饰正是以这样一种形式而存在。

纹饰作为装饰图形具有时代性与流行性，青铜器纹饰会随着时代变化而不断变化。不同时期的纹饰体现了不同时期的风格，同一时期相同的纹饰不仅会在青铜器上出现，还会在同一时期的其他器物之上出现（图 83、84）。对于文物

81-1

81-2

图 81　上海博物馆藏西周早期古父已卣与牛眼。

82-1

82-2

图 82　瑞士苏黎世里特贝格博物馆藏商晚期兽面纹鬲鼎上的羊首与山羊瞳孔。

图 83　商晚期雷纹白陶罍。
图 84　安阳妇好墓出土的商武丁时期雷纹玉簋。

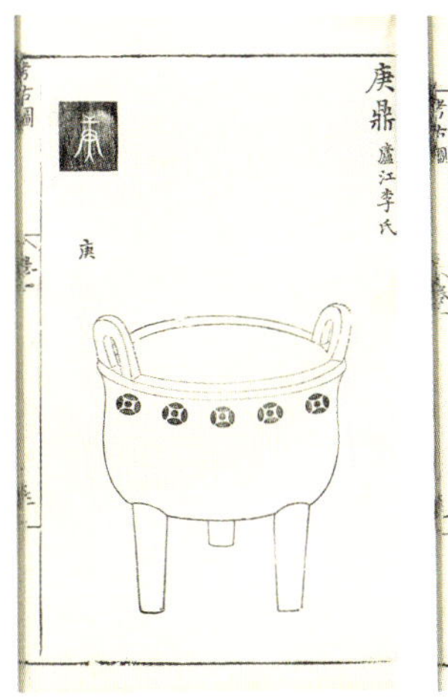

庚鼎 盧江李氏

庚

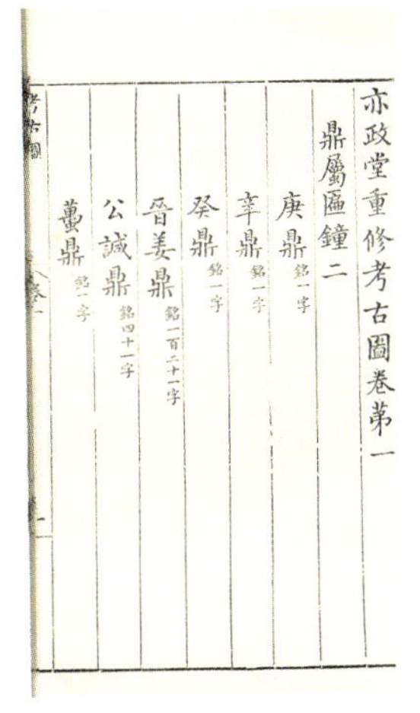

亦政堂重修考古圖卷第一

鼎鬲甗鐘二

庚鼎 銘一字

辛鼎 銘一字

癸鼎 銘一字

晉姜鼎 銘一百二十一字

公緘鼎 銘四十一字

䵼鼎 銘一字

壬申年秋月

天都黃曉峰鑒定

考古圖

亦政堂藏板

图 85 《考古图》清乾隆十八年（1753）天都黄晟亦政堂刻本。

修复而言，对青铜器纹饰的进行多元化解读，可以进一步把握纹饰变化的规律与特性，从而在修复与保护中得以准确的融会贯通，这是提高鉴定与修复能力的必修课程。

（二）青铜器纹饰的分类与定名

研究青铜器纹饰和研究青铜器本身一样，都是从分类和定名开始的。最早对纹饰有所论述的是宋人的《考古图》与《博古图录》。如《考古图》论及五癸鼎："鼎文作龙虎，中有兽面，盖饕餮之象，"并引《吕氏春秋》云："古者铸鼎象物以知神姦（能害人的鬼神怪异之物），鼎有此象，盖示饮食之戒。"

《考古图》的作者吕大临作为中国古代最有成就的金石学家之一，也被后世很多人称为"考古学的鼻祖"。《考古图》实际收录当时宫廷和私人收藏家手中的一些古铜器、古玉器等达到了 234 器（图 85）。书中对每一件器物都仔细地进行线稿描摹，并对器物的尺寸、容量、重量、出土地方和收藏处等都进行了详细记录，对青铜器和青铜器铭文做了系统的研究。

该书是我国最早系统地收录古代器具的图册，在考古学中有开创性的历史意义。这对考古学、古文字学以及青铜器纹饰的研究都有重要的奠定作用。

《宣和博古图录》[26] 对其著录的器名、铭文做出了详尽说明和精审考证。“腹有蝉纹，脰饰饕餮，间之云雷，亦以贪者惩也。”这便是最初宋人描述青铜器时对纹饰的命名。由此，“蝉纹”“饕餮”“云雷”等名称多为后人所沿用。后来，清人又增加了“蟠虺”“蟠螭”“夔纹”“凤纹”等纹饰名称。

1941 年，容庚先生在其所撰《商周彝器通考》[27] 中，第一次比较系统而标准地对青铜器纹饰做了定名，并对纹饰进行了型式划分，说明每类纹饰的名称来源、沿革，比较了同种纹饰中的不同形式。

本书根据上海博物馆青铜研究部梳理的青铜器纹饰分类规律，将商周时代青铜器纹饰大致可分为八类。它们是几何纹、兽面纹、龙纹、凤鸟纹、各种动物纹、火纹、各种兽体变形纹和人物画像等。

图 86　商中期兽面纹壶上的连珠纹。

1. 几何纹

几何纹是由几何基本元素（点、线、圆）所组成的有规律的纹饰，纯属形式上的变化和结构上的美感。这种纹饰在原始社会的彩陶上早已出现，在早期作为主要纹饰的机会非常少，通常作为主纹的陪衬或地纹使用。青铜器上的几何纹大致有连珠纹、弦纹、直条纹、横条纹、斜条纹、云雷纹、火纹、三角纹、乳丁纹、绹纹等。

连珠纹：连珠纹旧称圈带纹，以小圆圈作横式带状排列，在二里头文化时期就已经出现，是青铜器中出现最早的纹饰之一。它的图案有实心、圆圈，以及圆圈中有一小点。连珠纹是用一个管状物在陶范上印制而成，圈与圈间距的排列，疏密自

[26] 王黼编纂的《宣和博古图录》成书于宣和五年(1123)，为中国宋代金石学著作，由宋徽宗敕撰。该书著录了宋代皇室在宣和殿收藏的自商代至唐代的青铜器 839 件，分为 20 类。每件器物都有摹绘图、铭文拓本及释文，并记有器物尺寸、重量与容量。有些还附记出土地点、颜色和收藏家姓名，并有对器名、铭文所做的详尽说明和精审考证。

[27] 容庚:《商周彝器通考》，中华书局，1941 年。

图 87 西周雷纹卣腹部的雷纹。
图 88 商晚期勾连纹瓿商的勾连雷纹。
图 89 商周遗址出土有印制雷纹的陶拍。
图 90 火纹插图。
图 91 山西晋侯墓出土猪尊上的火纹。

然。（图 86）

云雷纹：云雷纹是商周青铜器上出现频率最高的几何形纹饰，呈圆弧形或方折的螺旋线条（图 87）。云雷纹最早出现在新石器时代晚期，直到汉代才随着青铜器的衰退而逐渐消失。雷纹在构图上通常以四方连续或二方连续式展开。看似平整的云雷纹通常高于器表。云雷纹排列组合的方向是有规律的，开口的一面总是朝向主纹饰（图 88）。云雷纹有拍印、压印、刻画、彩绘等表现技法，在商周遗址出土有印制雷纹的陶拍。（图 89）

火纹：火纹或称涡纹，基本特征是圆形图案，沿边有四至八条弧线向同一方向弯曲，中间有一突起的圆圈（图 90）。火纹盛行于商晚至周早，一直沿用到战国。（图 91）

2. 兽面纹

兽面纹是商周青铜器上最常见的纹饰之一，最早出现在长江中下游地区的良渚文化陶器和玉器上。兽面纹又称“饕餮纹”。“饕餮”一名首见于《左传·文公十八年》：“缙云氏有不才子，贪于饮食，冒于货贿，侵欲崇侈，不可盈厌，聚敛积实，不知纪极。不分孤寡，不恤穷匮。天下之民，以比三凶，谓之饕餮。”杜预注：“贪财为饕，贪食为餮。”饕餮为传说中的一种贪食的恶兽，也比喻贪婪凶恶的人。《吕氏春秋 · 先识》曰：“周鼎著饕餮，有

图 92 兽面纹各部分名称。

首无身，食人未咽，害及其身，以言报更也。”饕餮纹这种名称是金石学兴起时，由宋人而定，现代学界将其统称为兽面纹。

兽面纹的布局一般为：以鼻梁为中线，两侧对称分布目纹、角纹、鼻纹、眉纹、耳纹、口纹、耳纹、身体等几个部分（图 92）。按角纹的形状将兽面纹分为外卷角兽面纹、内卷角兽面纹、分枝角兽面纹、曲折角兽面纹、长颈鹿角兽面纹、虎头纹、牛头纹、变形兽面纹等。（图 93）

3. 龙纹

龙纹，又称为“夔纹”或“夔龙纹”，是商周青铜器纹饰中流行最久的一种纹饰。龙的形象是一种非现实存在的动物。《管子·水地篇》：“龙生于水，被五色而游，故神。欲小则化如蚕蠋，欲大则藏于天地，欲上则凌于云气，欲下则入于深泉，变化无日，上下无时，谓之神。”关于龙的起源及龙纹的成因尚无统一的定论。它很可能是那些以蛇或鳄鱼等动物为图腾的部落在联并融合过程中将各自图腾综合的结果。龙纹的雏形最早见于新石器时代的文化遗物中。龙的外形随着时代的变迁而不断发生着变化，被赋予更多其他动物的元素与神力，而不变的是其一直是权力阶层的象征。

根据青铜器纹饰中龙纹的结体大致可分为爬行龙纹、卷

[28] 上海博物馆青铜器研究组编：《商周青铜器纹饰》，文物出版社，1984 年。本书中所有青铜器纹饰拓片皆出自此书。

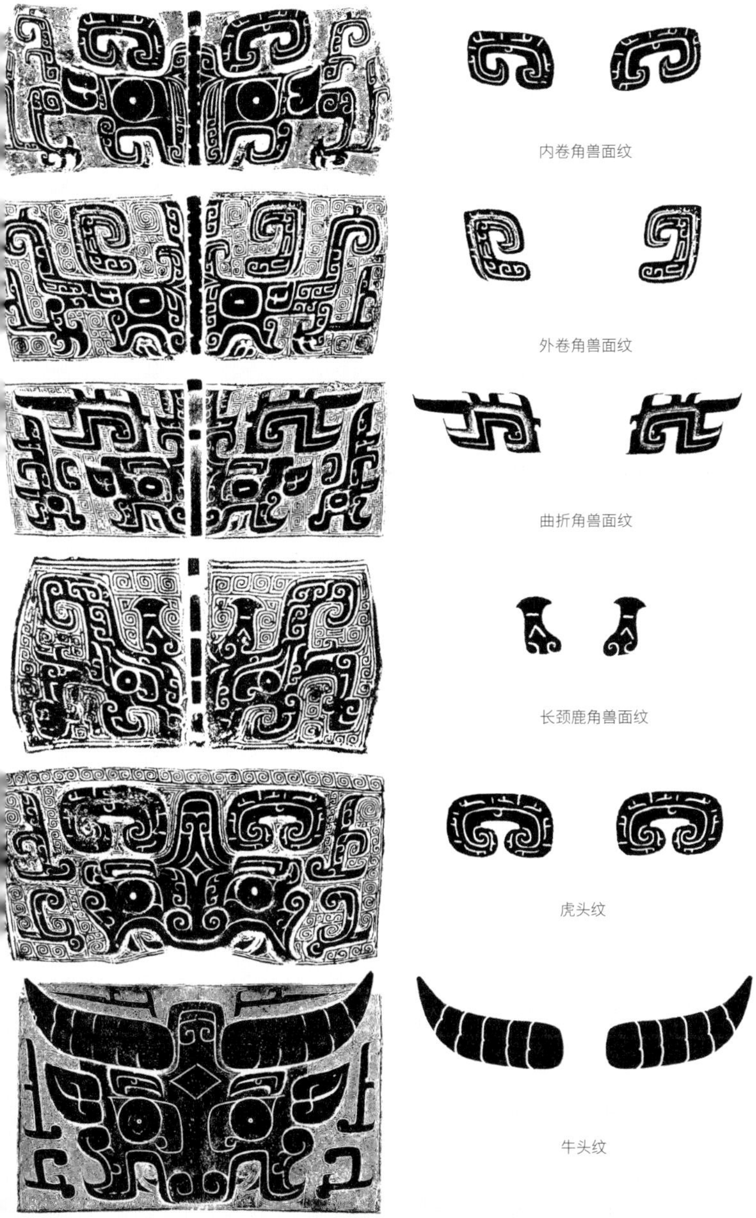

内卷角兽面纹

外卷角兽面纹

曲折角兽面纹

长颈鹿角兽面纹

虎头纹

牛头纹

93　按角形分类的兽面纹。[28]

图 94　龙纹的分类。

体龙纹、双体龙纹、两头龙纹、交体龙纹等。（图 94）

4. 凤鸟纹

凤鸟纹，包括凤纹与各类鸟类的纹饰，是商周青铜器中比较常见的纹饰。

鸟纹最早出现在新石器时代的陶器上，良渚文化出土的玉琮、玉钺上已有明确的鸟纹。青铜器上最早出现的是二里岗期的变形鸟纹，到了商代晚期西周早期时，鸟纹大量出现，很多成为主体纹饰，甚至有学者将西周前期称之为“凤鸟时代”。早期凤纹和鸟纹的界限比较模糊，陈公柔和张长寿先生曾发表《殷周青铜容器上鸟纹的断代研究》[29] 一文，

[29] 陈公柔、张长寿:《殷周青铜容器上鸟纹的断代研究》,《考古学报》1984 年第 3 期，第 268-269 页。

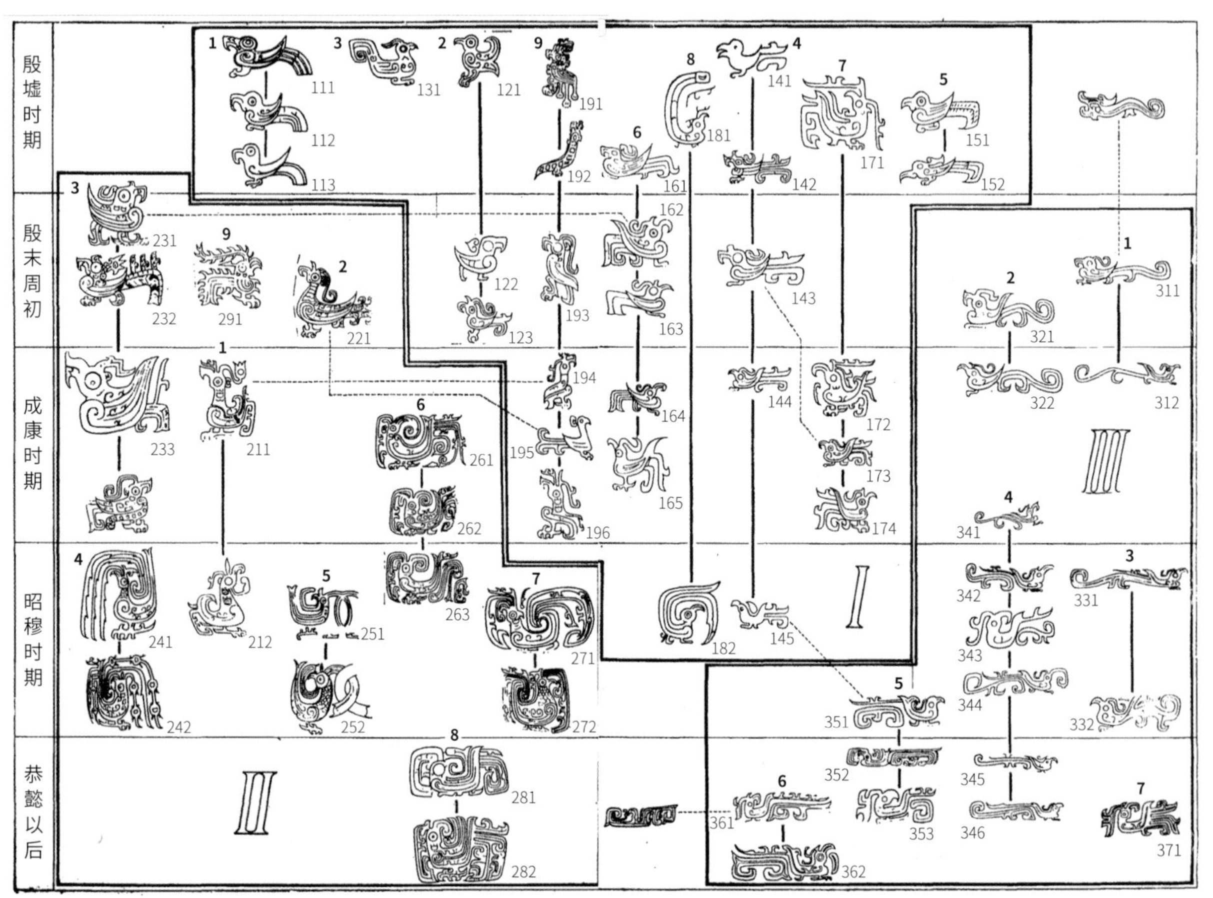

图 95　陈公柔和张长寿先生将商周时代的鸟纹分为三类 25 式。

图 96　凤鸟纹的分类。

依据陈梦家先生的分类法继续深化，将商代、西周时代的鸟纹分为三类 25 式。即小鸟纹、大鸟纹、长尾鸟纹。并归纳为图。（图 95、96）

鸟纹中除了上述类型外，还有几种造型特别形象写实的类型，如鸱枭纹、雁纹等。鸱枭是猫头鹰一类的鸟。青铜器上鸱枭纹盛行于商代中晚期，其造型多为正面图形，一般特别强调鸱枭的一对超出其他鸟类的大眼睛，头上有一对毛角，两翅较大。猫头鹰生活习性与大多数禽鸟不同，喜欢昼伏夜出。它的双眼位于头部正前方，视野宽广；飞行时悄无声息，听觉非常灵敏；长着十分锐利的喙和爪，以鼠类为主食。其特殊外表和独有的生活习性充满着神秘感。河南安阳妇好墓的陪葬器物中，就有以鸱枭为题材的青铜鸮尊、玉鸮、鸮型玉梳、鸮形玉盘等等。无独有偶，古希腊女神雅典娜自己拥有着一套精彩纷呈的神系，折射出古希腊文明的人文和理性光辉。智慧女神雅典娜的圣鸟也是猫头鹰，古希腊人把猫头鹰尊为雅典娜和智慧的象征。但是《诗经》中记载有“鸱鸮鸱鸮，既取我子，无毁我室”，贾谊《吊屈原赋》中也写了“鸾凤伏竄（窜：逃跑）兮，鸱枭翱翔”。显然，数百年之后的春秋时代，猫头鹰已经被人看作是不祥之鸟。这可能也是鸱枭纹存世很短的原因之一。

5. 各种动物纹

这主要是指青铜器上出现的非神话、实际存在的写实动物纹饰。（图 97）

6. 简化、变形纹

所谓简化、变形纹是指该纹饰仅采用动物或自然界其他纹饰的一部分，或将这些纹饰加以简化、形变、几何化后形成的抽象纹饰。（图 98）

7. 人物画像

除了商周时期的“人面纹”，大部分描绘人物丰富多彩的写实社会生活场景的人物纹饰产生于春秋末期，盛行于战国早、中期。从一个侧面体现了当时人文主义社会思想的新潮流。成都市百花潭中学基建工地出土的战国水陆攻战纹铜壶（图 99），壶身表面“嵌错”了大量人物宴乐、攻战、狩猎等图案，为研究战国时代社会生活提供了可靠的形象资料。

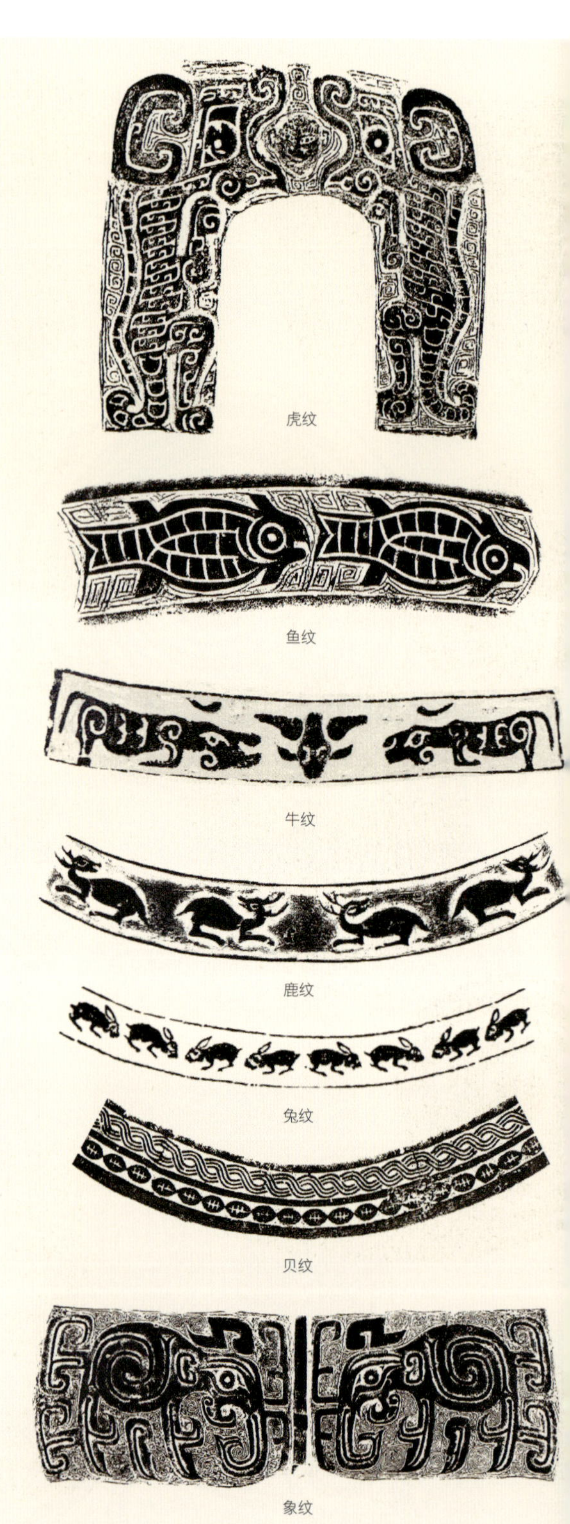

图 97　动物纹的分类。

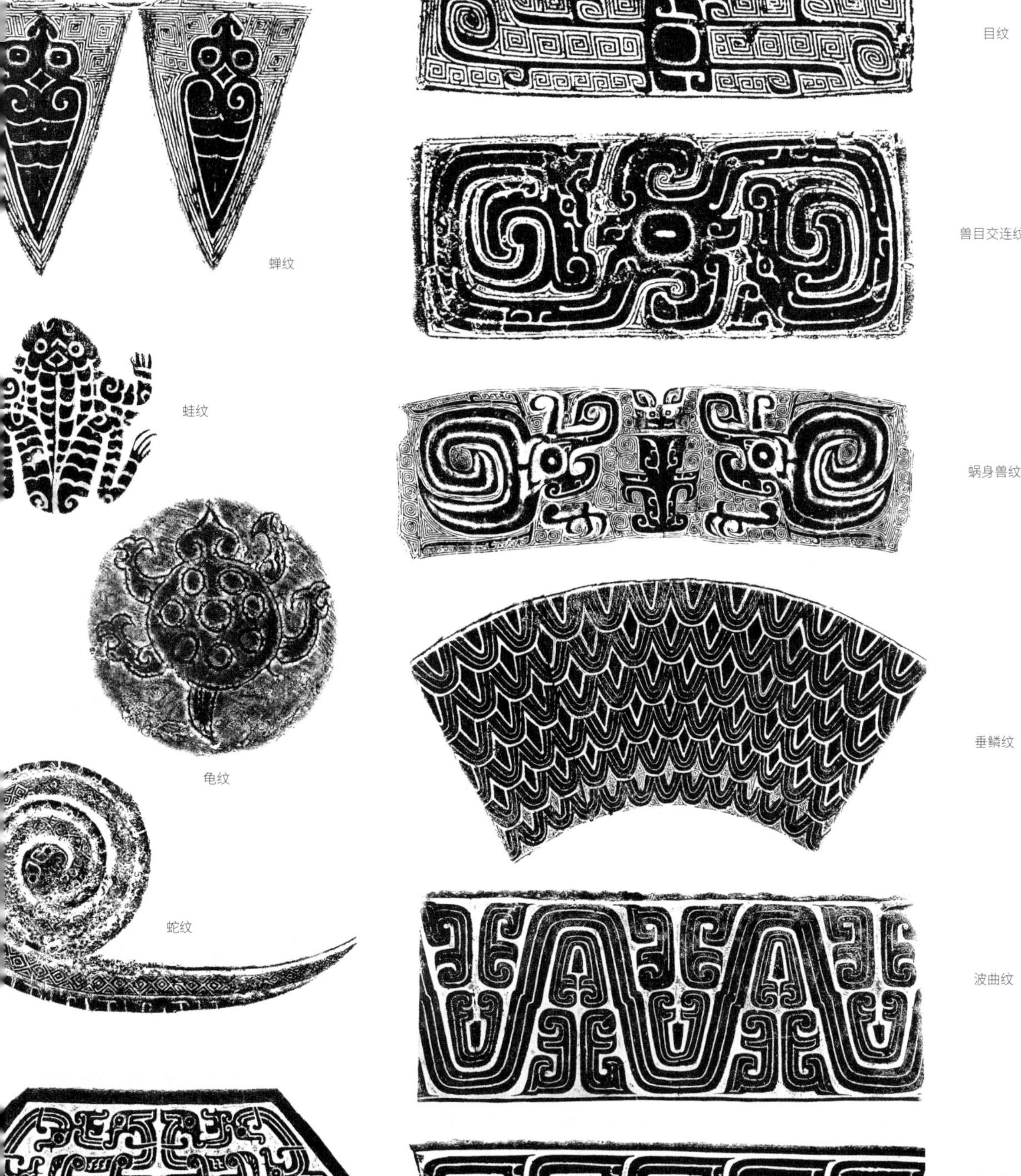

图 98　简化、变形纹的分类。

三 青铜器纹饰图形的特点与规律

青铜器纹饰作为青铜器表面的装饰纹样，完全依附于青铜器本身，随形而布，从简入繁，具有浓重的装饰意味。本节从文物修复师对纹饰理解的角度出发，对古代青铜器纹饰的艺术特点和规律进行了归纳。

（一）青铜器纹饰的艺术特点

1. 对称

对称是人类大脑、眼力、体力与协调性的综合体现。对称是健康和谐，是自然进化的选择。“对称”是美，是毕达哥拉斯学派的经典观点，这主要是从数学的角度出发的。在人类艺术历史发展过程中，对称作为一种很重要的构成形式被广泛应用。从史前艺术到今天多元化的艺术风格，对称结构一直占有重要的一席

99-1

图 99　四川博物院藏成都市出土的战国水陆攻战纹铜壶，壶身表面“嵌错”了大量人物宴乐、攻战、狩猎等图案。

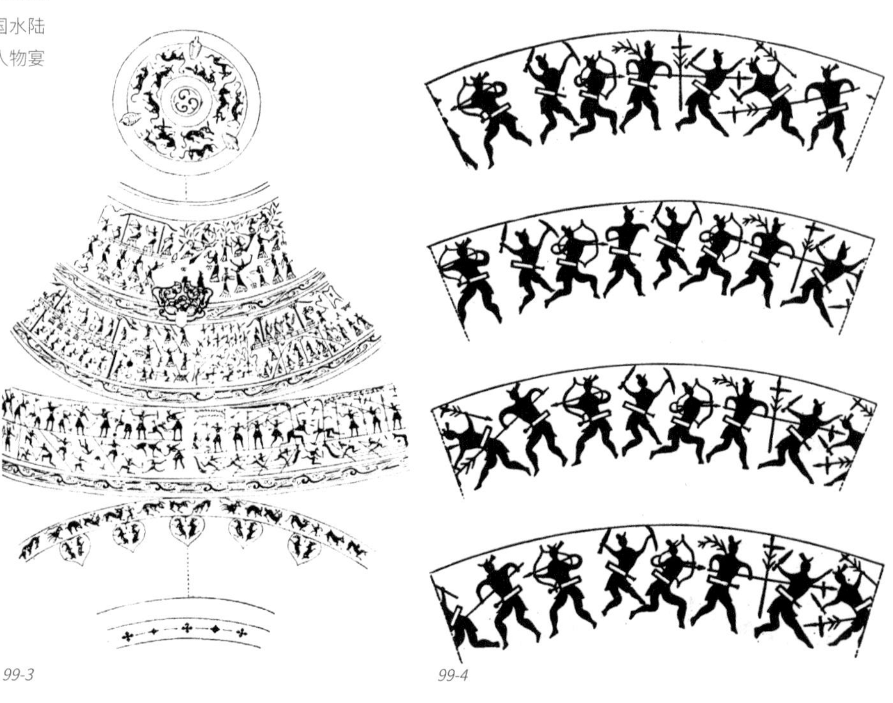

99-3　99-4

之位。格式塔心理学认为，我们的知觉偏爱简单结构，我们在混乱的外部世界里往往易于看清的是有规则的形状而不是杂乱无章的形状。显然，对称是获得这种秩序美感的一种直接、简洁的方法，为人们所青睐。

虽说对称美不分国界，但中国人格外能领悟对称所带来的美感。对称美也是中国的一种哲学思想，隐含着平衡、中庸、公允、稳健。它甚至反映在中国人处世行事的一贯风格上。建筑师梁思成曾说："无论东方、西方，再没有一个民族，如我们这般对中轴对称线如此钟爱与恪守。"

商周青铜纹饰艺术最大的特点之一是对称。任何一种纹饰的形式都从最基本的对称开始发展与变化。以其中最为著名的"兽面纹"为例，其特征是一个正视的兽面，以鼻梁为中轴对称线，左右两侧对称展开角、眉、目、牙、爪甚至躯干。除了单个图案的内在对称，纹饰的布局方面也呈现大量的对称结构，其中包括左右对称与辐射对称。上海博物馆收藏的亚父方罍（图 100），从器型到纹饰全部采用对称设计，从颈部到足部自上而下的六组凤鸟纹、龙纹、兽面纹等都采用轴对称排列，这些对称结构给人以稳重、严谨的审美感觉。

图 100　上海博物馆藏商晚期亚父方罍。

2. 平衡

平衡原本是物理学的术语，意思为两个或两个以上客观物质因素间进行的自主调控及和谐调整。在美学中平衡是指美的客体对象各部分之间进行排列，使各视觉要素在整体中形成和谐统一的分布关系。格式塔心理学研究认为人的心理活动总是倾向于平衡、简单、有规则的组织结构状态。鲁道夫·阿恩海姆在《艺术与视知觉》[30]中提到，平衡是人类最基本的需要之一。平衡可以给人安全感使人心情愉悦。 在心理学领域，格式塔心理学也得出相似的结论：每一个心理活动领域都趋向于一种最简单、最平衡和最规则的组织状态。

在青铜器纹饰中，平衡效应得到广泛的应用，除了前面所述

[30] 鲁道夫·阿恩海姆：《艺术与视知觉》。

的对称平衡，还存在相当数量非严格对称的平衡。如上海博物馆收藏的西周早期父乙觥（图 101），器身上那只巨大的凤鸟纹长冠飘逸，长尾逶迤，昂首伫立，只有一足置于圈足前部，显得重心偏前并不对称，但当时的工匠艺人巧妙地在凤的尾部下面又增加了一只极具张力的长尾鸟纹，填补在这个非对称平衡体系空间中，再配合整个觥的不对称器形，使得原本偏前的纹饰重心得以有力的支撑而达到视觉平衡。

图 101　上海博物馆藏西周早期父乙觥。

图 102　春秋龙纹盉。

3. 简化

格式塔心理学认为大脑领域存在那种向最简单的结构发展的趋势。因此，简化是人们在设计造物中的一种重要的无意识思维惯性。简化不仅仅是简单。美学家库尔特·贝德特把艺术简化解释为：“在洞察本质的基础上所掌握的最聪明的组织手段。这个本质，就是其余一切事物都从属于它的那个本质。”

在青铜器纹饰发展过程中也存在这样简化、抽象的趋势。兽面纹从早期的“五官”俱全对称完整的形象，到后来头部萎缩及弱化，头与身躯的分离，体现出视觉表现形式会逐渐简化，而视觉形式本身所包含的意义也随着图形的简化而减弱。另外，从局向纹饰图样简化成几何纹样也是青铜器纹饰简化的重要方式之一。如简化的龙纹，身作两歧，手法简洁，极度几何形化。（图 102）两端的头部一上一下，身为对角线，具有高度的装饰性。

4. 重复

“重复”无处不在，它是人类文化中各种文本的主要构成方式。达尔文把重复看成是人类的一种特质。重复是装饰艺术中应用非常普遍的一种形式。重复制造了艺术的秩序感，是艺术的基本构建要素。贡布里希认为，任何东西一旦变成重复图案中的一个成分，就会被“风格化”，即会得到几何意义上的简化。

青铜纹饰中，几何纹样的重复是使用频率最高的装饰手法。特别是使用最多的“云雷纹”，这种由连续方折回旋形线条构成的重复的几何图案，不仅仅是对主纹间隙的一种填充，更是创造了整体纹饰的秩序感与规律感（图 103）。它们环环相扣，相互依存，每个几何纹样既可分成独立单元，结合起来又是一个有机整体，蕴含着一种东方哲学，对中国后世装饰艺术影响深远。

图 103　春秋蟠龙纹豆。

（二）青铜器纹饰的结构规律

出于职业的训练与经验的积累，青铜器修复师对青铜器纹饰有着充分观察与深入的理解。青铜器纹饰为手工制作，每一块纹饰之间都有差异，无一相同。但在经验丰富的文物修复师眼里，它们不仅有差异，其实在布局与结构上更有一些共同点与规律。

1. 主次

青铜器纹饰并非处于一个二维平面上，各部分主次、次次纹饰之间存在着落差。其中“双目”纹饰在整个纹饰中往往最为突出。无论是在兽面纹、鸟纹、龙纹还是各种动物纹中，鼓眼努睛的双目几乎总是处于纹饰最高点，即便是兽面纹简化到极致，其最后唯一保留的仍然是一对鼓凸的双目，仿佛凝聚了动物类纹饰的全部精神。（图 104）

图 104　商晚期兽面纹尊。

2. 自然

青铜器纹饰中无论是高凸的主纹饰，还是主纹饰上的阴刻纹饰以及铺底的云雷底纹，通过显微镜放大观察，就会发现大部分纹饰的底部及四壁并不平整，呈现高低不平，特别是阴纹底连壁处之角，角微显圆，而非直角，这其实都是范铸的标志。后期采用錾刻纹饰的作伪手法，往往上下宽窄一致，阴纹的底面和侧面都过于平整，錾痕明显，缺乏自然的范铸痕迹。

3. 倾斜

不论何种青铜纹饰，所组成的纹饰线条并非横平竖直，大都具有倾斜角度。这种倾斜是微妙的，在纹饰随着器形立体展开中自然形成，使得整体布局贯气融合。角、耳、尾、腿、足的相距也呈上宽下窄形的角度。各单组纹饰竖线之间或横线之间虽有倾角，但线条方向一致，间隔均匀，互相平行，大小、粗细、凹凸都极富规律，形成了一种有韵律的美感。图 105 为上海博物馆收藏的商晚期刘鼎局部图，兽面纹以鼻为中心左右镜像对称，向两边伸展的横向线条都略微上倾，使得兽面纹如蝶翼一般，呈现平行四边形的布局。

图 105　商周纹饰呈现一种以对称轴为中心、向两侧斜上展开的“蝶形”布局。

4. 宽窄

陶范法铸造的纹饰线条虽然有宽有狭，凹凸也不一致，却显出一种自然流畅。阴刻的纹饰呈现上窄下宽的状态，也就是口部窄底部宽，阴线剖面略呈梯形。阳线纹理呈现微微的上宽下窄的趋势。后期的模拟试验表明，在新錾的纹饰上实施锉磨加工后，也可以达到阴纹上窄下宽的效果。可见，这种纹饰上窄下宽现象不仅和当时青铜器制作过程中在模与范上正反刻纹饰有关，还与青铜器铸成后加工打磨的工序有关。

四 纹饰的装饰工艺

任何材质的器物都有其特有的制作过程，同样青铜器纹饰的形式也和其特有的制作工艺密不可分。传统的青铜器装饰工艺主要采用范铸而成，通过在模范上的雕刻，从而在器物表面形成深浅不同的浮雕纹饰。随着铸造和装饰技术的不断进步，青铜器纹饰的装饰风格已经不再拘泥于传统铸造的形式，青铜表面装饰工艺出现了较大的发展，特别是随着铁器的大量使用，为青铜器装饰提供了新的工具，青铜器表面装饰也逐渐追求线条与色彩，继而出现了许多新的特种装饰工艺。文物修复师不仅要熟悉青铜器纹饰的表面特性，更要进一步了解与掌握它们的制作原理与工艺，这也是更好地提高修复技艺以及从修复的角度进行文物鉴定必须具备的基本知识。

（一）青铜器纹饰的特殊装饰种类

1. 金银装饰

（1）错

我们一般理解上的错金银工艺是一种在青铜器表面用金银丝（片）镶嵌成各种纹饰或文字的金属装饰技法（图106、107）。错金银工艺是自东周出现的一种中国青铜器装饰工艺，一直流传至今。

错金银工艺自先秦至今的两千多年间不断传承，如今已经进入国家级非物质文化遗产代表性名录。虽然不同的时期、地方在制作工序和材质上略有不同，但其主要制作工序大致分三个步骤：

第一步是制槽。无论在铜器铸造前在范中预刻凹槽，还

106

107

图 106　佳士得 2019 秋季拍卖会上一对东周错金银龙凤纹承弓器。

图 107　大英博物馆收藏战国错金青铜虎。

108-1錾刻工具

108-4选材

108-7錾实

108-2制槽

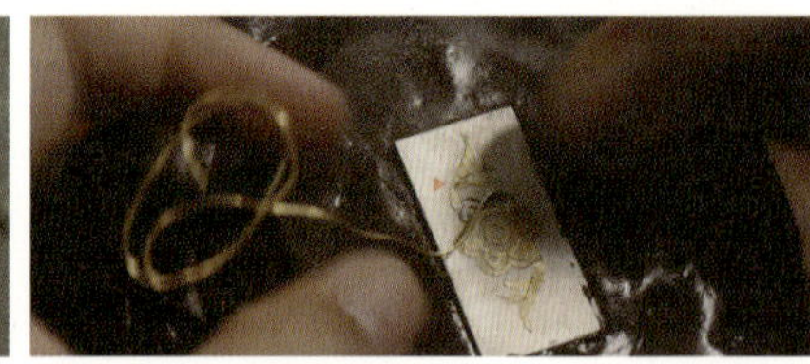
108-5镶嵌

108-8磨错

108-3固定

108-6捶打

108-9成品

图 108　传统错金银的制作过程。[31]

[31] 2016 年，香港中文大学、陕西省文物保护研究院和周大福珠宝集团联合举办的“错彩镂金：中国古代黄金技术的探索与传承公开研讨会”上演示的复古错金工艺。

是铜器铸成后再錾刻凹槽，凹槽的设计与制作是错金银的关键。内嵌金银的凹槽需要在槽底錾凿出麻点，以加强镶嵌的牢固。

第二步是镶嵌。用挤压与捶打的方法，把粗细大小适当的金银丝（片）嵌挤入凹槽内，捶实并使之充盈。

第三步是磨错。金银丝（片）镶嵌完毕，铜器的表面并不平整，必须通过磨错使其平整。磨错由粗到细，最后用木炭和皮革反复打磨抛光，使镶嵌物与基体光滑平整，达到严丝合缝的地步。（图 108）

在很多出土的错金银青铜器上还可以看到，片状的错金银区域，其实是用金银丝盘绕填充的。（图 109）

图 109　山西博物院藏战国错金铜豆。

不过文献中对“错金银”解释与今天略有不同。汉代许慎《说文解字》：“错，金涂也，从金，昔声”。清代文字训诂学家段玉裁注释说：“错，俗作涂，又作措，谓以金措其上也。”《康熙字典》对“错”字的解释，引用《集韵》“金涂谓之错”

图 110　通体鎏金的西汉长信宫灯。

的说法。由上海辞书出版社 1989 年出版的《辞海》，对“错”字的第一解便是：“错，用金涂饰。”饰，就是纹饰。由此可见，从广义上说，凡是在器物上布置金银纹饰的，就可以叫金银错。错红铜也是一种类似于错金银的工艺，只是将镶嵌物换成了红铜丝或红铜片。

（2）鎏

“鎏金（银）”是一种古代热镀金（银）技术。自先秦出现的中国古代青铜器的装饰工艺，一直流传至今。各个历史朝代的叫法亦有所不同，有称谓“金涂”“镀金”“流金”等等。在目前查阅的文献中，历史上最早记载鎏金工艺的是《汉书》卷九十七下·外戚传有关赵飞燕妹居昭阳舍的记述中这样写道：“居昭阳舍，其中庭彤朱，而殿上髹漆，切皆铜沓（冒）黄金徐，白玉阶，壁带往为黄金缸，函兰田璧，明朱翠羽饰之，自后宫未尝有焉。”师古的注释为：“切，门限也。沓，冒其头也。涂，以金涂铜上也。”[32] 说明门限是铜质鎏金的。汉末时期，徐州的佛教建筑浮屠祠也记载：“以铜人为身，黄金涂身，衣以锦采。”[33] 汉代称“涂金”，是将金和水银合成金汞齐，涂在铜器表面，然后加热使水银蒸发，金就附着在器面不脱，较之其他的包金与贴金技术涂层更加稳定，耐磨耐用，更有厚实质感。关于金汞齐（齐是古代对合金的称呼）的记载，最初见于东汉炼丹家魏伯阳的《周易参同契》。[34] 在汉代青铜器工艺的流程中，有专门负责这道工序的匠人，他们被称为“金银涂章文工”。图 110 为河北省满城汉墓出土的通体鎏金的西汉长信宫灯，图 111 为鎏金银蟠龙纹壶。

在现存的战国秦汉饰品有金银的铜器中，多数是用这种“鎏金”方法制成的。有不少人将它们与真正的错金银技术

[32]《汉书》卷九十七下·外戚传（第六十七下），中华书局，1963 年版。

[33] 高鲁冀：《中国古建筑中的鎏金与贴金》，《考古与文物》1980 年第 4 期。

[34] 梁瑞香：《中国表面处理技术史的探讨（六）鎏金技术史考之一》，《电镀与精饰》1985 年 04 期，第 35 页。

混淆。其实从金银错纹饰脱落处没有任何凹痕，就可判断其金银错纹饰不是嵌上去的，而是鎏上去的。图 112-2 为 1987 年河北省平山县中山王墓出土的金银错虎吞鹿器座，它是举世公认的金银错代表作品，但细心的人一定会发现，这件器物虎尾上的金错纹饰脱落了一小块，但脱落处并没有丝毫凹痕。

111-1

111-2

111-3

图 111　满城汉墓出土的鎏金银蟠龙纹壶。

根据文献记载和出土实物，“鎏金”法主要工序如下：

煞金。制造“金汞剂”。“金汞剂”的制造是一个化学过程，即是把黄金碎片放在坩埚内，加温至 400 摄氏度以上，然后再加入七倍黄金的汞，溶解成液体后倒入冷水盆中，使之成为稠泥状，制成所谓的“金泥”。

涂金。用泥金在青铜器上涂饰各种错综复杂的纹饰，或者涂在预铸的凹槽之内。

开金。将烧红的无烟木炭放在扁形的铁丝笼中，围着涂金的地方温烤，以蒸发金泥中的水银，黄金图案纹饰就固定于青铜器表面。

压光。用高硬度的玛瑙或玉石做成的碾压工具，在鎏金面反复碾压，把鎏金压实，用以加固和光亮。

青铜器上的鎏金层一般非常薄，一旦磨损和缺少是不可逆的，重新在青铜器上添加鎏金层不仅存在无法清除残留物的隐患，更会因为不可逆的鎏金修复方式而造成对原始文物信息的干扰。

（3）贴

贴金银与包金银的装饰技艺都是利用古老的锤揲塑性成型工艺，将金、银质等柔软、延展性好的贵金属，锤揲成纹饰薄片，包裹或贴附于青铜器表作为纹饰装饰。锤揲塑性技术是人类最早掌握的铜制品加工技术之一。铜石并用的时代，天然铜往往出现在铜矿，数量很少，先人是通过搜集、加热、锻打、打磨等技术得到最早期的纯铜制品与纹饰。（图 113）

一般根据捶揲贵金属薄片的厚度来区分，分为包金、银用的金银片与贴金、银用的金银箔。四川广汉三星堆遗址出土的戴金面罩的铜人头像，就是由锤揲过的金箔片剪裁而成，饰片平均厚度 0.2 毫米，贴附于青铜头像面目。（图 114）

黄金的延展性极好，其进一步锻打可以加工成更薄的金箔。一克黄金可以制成 0.5 平方米的金箔（厚度 0.12 微米），可谓将黄金的延展性能发挥到极致。从事这种手工业的作坊被称为捶金作。中国使用金箔有悠久的历史。安阳殷墟出土的商代金片最薄处仅 0.010 毫米；金相考察证明在加工过程中曾进行退火。

传统的贴金法工序不算复杂，乃用生漆调以熬炼过的熟桐油，制作为金胶。把金地漆抹在器物表面，在快干的时候用竹夹覆上金箔，以软毛笔在金箔衬纸纸背上轻刷，棉花肘齐，金箔即可贴在器物表面上。中国最早关于金箔加工的文献记载是明宋应星的《天工开物》：“凡造金箔，既成薄片后，包入乌金纸，竭力挥捶打成。”[35]

包金银与贴金银的为纯物理加工，较之鎏金更是无毒无害，对器物表面与操作人员都比较安全。操作效率高，光泽度好，

112-1

112-2

图 112　中山王墓出土的金银错虎吞鹿器座。

113

114

图 113　四川广汉三星堆遗址出土的戴金面罩的铜人头像。
图 114　金箔片平均厚度为 0.2 毫米。

[35] 宋应星:《天工开物》下卷《五金》篇，明崇祯十年（1637）。

可逆性强，可反复操作。只是多采用粘贴方式贴敷，日久黏结剂老化后就会造成金层的脱落。脱落的金层很易受到环境挤压而变形和开裂等病害。因此，整形是修复贴金银装饰青铜器面临的主要工作。

2. 宝石镶嵌

“镶嵌”是一门古老的装饰技艺，青铜器的镶嵌技艺一般都是在器物本体预先铸留出凹槽，再将镶嵌材料嵌入其中。镶嵌材料也随着技术进步与时尚流行而变得多元化，除了上述的错金、错银、错红铜等金属类镶嵌以外，色彩斑斓的宝石镶嵌也成为贵族阶层彰显财富与实力的载体。

从宝石学角度看，这里先秦青铜器上镶嵌的宝石，是广义宝石的概念。宝石指的是色彩瑰丽、坚硬耐久、稀少，并可琢磨、雕刻成首饰和工艺品的矿物或岩石，包括天然的和人工合成的，也包括部分有机材料。

其实在先秦时代，能够真正获取与加工的宝石品种非常有限，例如绿松石、玛瑙、水晶、各类玉石、琉璃、贝壳等。《石雅》[36] 一书对于古代典籍（包括《尚书·禹贡》《山海经》《尔雅》《穆天子传》等）记载的有关名物都做了引经据典，博征中外的考订，根据当时的考古与文献资料书中列举了一些远古时代的宝石。《石雅》记载：“河南孟津出土琅珠 20 枚，每珠均有小孔。云周代物，因皆绿松石也。”书中还记录了玉石、玛瑙和萤石等品种的宝石。不过对于早期人类对于宝石的选择，书中清楚写道：“古人辨石，所重在色而不在质。其色相似者，其名恒相袭。”以色辨玉（宝石）必然是古人识玉（宝石）的一大法则。

绿松石是中国青铜器上最早也是最常见的装饰宝石之一。它是一种含水的铜铝酸盐类矿物，常与铜矿伴生，因此便于开采。因其“形似松球，色近松绿”而得名，在先秦时期它往往作为开采大型铜矿的副产品进行开发。在宝石学中，宝石是按硬度划分，除了莫氏硬度达到 9 以上的钻石、红宝石、蓝宝石和祖母绿这四种被归为贵重宝石外，其余基本都是半宝

[36] 章鸿钊于 1921 年所著的《石雅》，是近代第一部以科学赏石观撰著的观赏石专著，也是首次科学系统地介绍奇石、宝玉石、矿物晶体的名著。

115

116

图 115　二里头文化遗址出土镶嵌兽面纹铜牌饰。
图 116　上海博物馆收藏的夏代晚期镶嵌十字纹方钺。

石与有机宝石。绿松石质地较软，莫氏硬度为 5~6，非常便于加工。绿松石因含有铜和铁元素，所以颜色在蓝绿之间，含铜多偏蓝，含铁多近绿。鲜艳的天然蓝绿色正好与青铜的金黄色形成强烈的撞色装饰效果。因此，绿松石这些得天独厚的物理优势，使其成为先秦时期最主要的宝石装饰材料并一直沿用到青铜器时代结束。

镶嵌绿松石兽面铜牌饰是极具偃师二里头文化特色的器物，是中国发现的最早的铜镶嵌绿松石制品之一，也是青铜器上最早出现的兽面纹形式之一，自此也开启了兽面纹饰的先河。（图 115）

同样，上海博物馆收藏的夏代晚期镶嵌十字纹方钺，体形硕大，大钺中心用绿松石镶嵌着 6 组十字形纹饰，分内外两层，环列在圆孔四周。通过 CT 透视可得知绿松石镶嵌深度约 2 毫米，用天然胶质黏合。大钺采用了双面纹饰一致又不穿透的双面绿松石纹饰镶嵌，将早期镶嵌纹饰工艺推到了新的高度。（图 116）

试想当年，这些鲜绿色的绿松石在金色的青铜质地的衬托下一定格外华丽夺目。其设计之巧、选料之细、纹饰之美、保存之好，足以体现当时纹饰镶嵌技艺之成熟与精湛。

先秦的宝石镶嵌主要还是采取包镶与粘接等物理连接的方式，材料老化极易造成脱落。在适当清理的同时，避免使用不可逆材料进行粘接，尽量使用原有的材料与方法进行修复，是最小干预这件文物，并使之更长久保存的条件。

3. 化学涂层（菱形纹、亮斑、富锡）

青铜兵器是青铜时代不可或缺的重要品类，且拥有者多为男性，因此其在装饰的同时更要满足青铜兵器实用的功能。

东周时代，一种制作纹饰的新方法诞生了。在吴越地区发现的个别高级别青铜兵器表面，有一种非机械镶嵌又十分规则的几何双线菱形纹饰，在双线条交叉处又穿插有小菱形纹饰，拭之不去，磨之依然，极富装饰性，这种精美装饰被称之为“菱形纹饰”。此类技术的代表器物是湖北荆州市江陵县望山楚墓群和马山五号墓分别出土的著名的春秋晚期越王勾践剑与吴王夫差矛（图 117），这两件兵器通体饰有菱形格暗纹，华丽无比。

上海博物馆文物保护科技中心在对这一工艺进行专题研究中发现，菱形纹饰部分的化学成分与基体部分不同：前者锡高铜低，属锡基合金；后者铜高锡低，属铜基合金。通过金相分析发现纹饰区与基体组织相同，亦为树枝晶结晶，这表明纹饰区的形成亦有一个从液态至固态的铸造，也就是说这个菱形纹饰是二次铸造加工而成。[37]

[37] 廉海萍：《东周铜兵器菱形纹饰技术研究》，《中国文化遗产》2004 年 3 月。

通过模拟实验研究揭示菱形纹饰加工技术的秘密，具体做法是：在黏结剂中加入高锡合金粉末，调制成膏状，涂覆在兵器上，待干后刻画菱形纹饰，刮去非纹饰以外的不需要部分膏体；然后入炉加热扩散处理，取出冷却后磨去多余氧化层；此时表面涂层部位的锡与铜出现了渗透，呈现出了银白亮色，而无涂层部位仍保持青铜的金黄色。经富锡处理的青铜表面形成了细晶组织层。在埋藏腐蚀条件下，富锡纹饰区域的腐蚀程度高于基体，因此千年之后，兵器在不同程度的腐蚀下，呈现有层次的双色相间的菱形色泽效果。

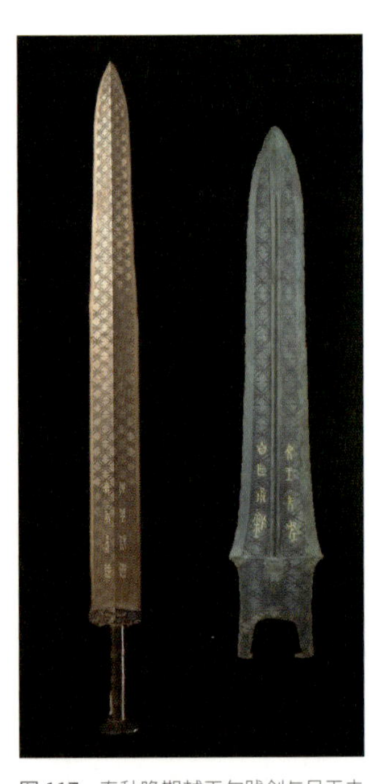

图 117　春秋晚期越王勾践剑与吴王夫差矛。

4. 彩绘与髹漆纹饰

彩绘与髹漆纹饰是青铜器装饰纹饰中较为特殊的类型，是金属与颜料、天然有机黏结剂的组合。彩绘与髹漆纹饰产生的原因：

①美学欣赏方面：用快速廉价的方式装饰与美化色彩单一的青铜器。

②弥补瑕疵方面：可以借助彩绘弥补青铜器铸造时的小缺陷及修复与补铸痕迹。

③保护器物方面：髹漆与彩绘可以在青铜器表面形成覆盖保护层，使得原本容易氧化和腐蚀的青铜器得以有效的保护。

铜器上彩绘与髹漆装饰形式主要归纳为几类：

①直接在素面青铜器表面进行着色彩绘。这种技法产生于战国末期。（图 118、119）

②在事先铸造或錾刻好的底纹阴线部位进行填彩，一般选用黑色，待干后除去表面溢出纹饰的多余彩绘，深色的彩料使得原本金黄色青铜纹路更为清晰与立体。这种技法在商代晚期已经出现。（图 120）

③在铜器上施以较厚的彩绘后，在彩绘层上进行刻画。秦始皇陵园青铜水禽身上发现了少量残存的彩绘，彩绘之上细致地刻画着羽毛的纹理。（图 121）

图 118　瑞士苏黎世里特贝格博物馆收藏的汉代彩绘铜壶。

图 119　国家博物馆藏西汉彩绘雁鱼釭灯。

图 120　上海博物馆收藏商晚期刘鼎。

图 121　秦始皇陵青铜水禽坑出土的青铜大雁。

5. 综合装饰

随着加工技术的进步，在同一件青铜器物上多工艺、多工种的合作成为彰显财富的时尚，青铜器表面的镶嵌材质也从硬度较低的绿松石、孔雀石到了硬度较高的玛瑙、玉石、琉璃等。上海博物馆收藏的一枚战国透空镶嵌几何纹方镜（图 122）[38] 与另一枚流失海外的战国错金嵌松石铜镜（图 123），二者虽一方一圆，但同时将三种颜色、硬度、延展性完全不同的材质在同一平面上完美并存，展现出如同景泰蓝般亮丽的纹饰。1968 年，满城陵山中山靖王刘胜墓出土的西汉乳钉纹铜壶也是一件综合多种装饰材质与工艺的作品（图 124）。壶身鎏金，盖面、颈和腹部上镶嵌

图 124　满城陵山中山靖王刘胜墓出土的西汉乳钉纹铜壶。

图 122　上海博物馆收藏的战国透空镶嵌几何纹方镜。　图 123　流失海外的战国错金嵌松石铜镜。

[38] 上海博物馆：《练形神冶莹质良工——上海博物馆藏铜镜精品》，上海书画出版社，2005 年，第 72 页。

方格纹绿琉璃，琉璃上划出小方格圆点纹。方格纹的交叉点上镶嵌鎏银乳钉。色彩缤纷，绚丽异常。这些独具匠心的造型设计结合了铸造、錾刻、鎏金、错金银、包金银、玉雕、镶嵌等多项技术。在这些珍贵、华丽的作品背后，正是我国战国时期手工艺制作技术的综合体现。

（二）不同工艺下制造的纹饰特点

1. 铸造纹饰的特点

①纹饰变化丰富，纹饰精美，不受创作的大小、深浅、形状的限制。

②铸造的纹饰可以最大程度降低金属消耗，减少后期加工时间。

③适应性强，可与其他纹饰装饰技法组合使用。

④铸造成功的青铜器纹饰的立面和底面非常平整。特别是陶范制青铜器纹饰的外范雕刻特性，使得成品的青铜器纹饰立面会呈现出一种上窄下宽的梯形槽口效果，这一特性也成为后期从纹饰工艺的角度鉴定青铜器是否采用陶范法铸造的鉴定标准之一。

2. 錾刻纹饰的特点

①纹饰题材广泛，纹饰的精细程度取决于錾刻工具的精度。有些器物上錾刻的纹饰细如发丝，但是纹饰的力度与利度却远远高于铸造的纹饰。

②錾刻纹饰是一种“减法”工艺，因此纹饰大都以阴刻形式呈现，且纹饰的分布、大小、深浅都受到器型与器壁厚薄的限制。

③錾刻纹饰一般都在素器表面进行，这样大大降低了成本，提高了成品率。

工艺特性使得錾刻的青铜器纹饰立面和底面并不平整，往往留有錾痕，纹饰的口沿部分也会出现毛刺。錾刻的纹饰立面会呈现出一种上宽下窄的槽口效果。

3. 表面装饰纹饰的特点

①不同材质与工艺的组合使得原本单一的青铜器纹饰产生了突破性变化，色彩与层次变得更为丰富多彩，纹饰的创作空间大大提升，创造力成为表现纹饰的最大特点。

②多种材料的使用大大增加了青铜器与纹饰制作的成本。

③多种工艺的联合制作也延长了作品完成的周期。

④复合工艺使得各手工艺联合更为紧密，步骤更加细分，是手工业繁荣发达的表现。很多并非本土原创工艺的融合，体现了当时社会科技、商贸、物流发达的水平，也体现出整个社会产业之间的整合能力。

青铜器纹饰作为当时最高级的时尚纹饰，随着时局更替、权力喜好、材料更新、技术进步等原因也在逐渐与时俱进地发生着改变，同样的纹饰题材在不同的工艺下会呈现出完全不同的形态与气息。青铜器纹饰的进化是当时社会状态最图案化的体现。

商周青铜器纹饰只是中国数千年图案发展史中很小的一部分，可以说是中国进入青铜时代的一个标志。但是其具有明显的本土图案的特征性与原创性，并对后期中国图案的发展有着极其深远的影响，成为一种能代表中国悠久的文化历史渊源的符号，在整个人类艺术史的发展中具有巨大的影响力。

第四篇

青铜器的病害与检测

一 青铜器的病害

青铜器病害是指青铜文物因物理、化学及生物因素而造成的损害。青铜器病害的成因主要取决于两个方面：一方面是内在，就是制作材料与工艺造成的青铜器本身的各种理化性能的稳定性。另一方面是外在。同样的材质在不同的外在环境影响下的保存状态和形成病害的差异很大。外在的影响主要来自自然因素、人为因素。

图 1 山西春秋晋卿赵氏大墓出土现场。

图 2 山西闻喜酒务头商代墓地青铜器出土现场。

图 3 宝鸡石鼓山商周墓地。

自然因素对青铜文物的影响主要表现为自然力对文物的破坏，其中包括两种情况：

第一，各种自然灾害对青铜文物的毁灭性破坏，如地震、火山爆发、地壳运动、洪水、台风潮汐、地下水活动、雷击等。这种灾难性的巨大破坏力往往难以预防。

第二，自然破坏力，包括气候变化、光线辐射、空气污染、生物危害等。这种自然破坏力的特点是力量轻微、过程缓慢，它不如自然灾害那样来势凶猛，却持久地侵袭着文物。在这些自然因素的损耗下，文物的外形与质地会逐渐变化乃至彻底被破坏，也就是文物的质变和毁损，这是不以人们的意志为转移的自然规律。如青铜器腐蚀矿化与受墓葬坍塌影响造成挤压变形破碎等病害，都属于自然因素。(图 1~ 图 3)

图 4　宝鸡石鼓山商周贵族墓葬中出土的大量扭曲的兵器。

图 5　山西警方缴获的盗墓者锯解的春秋青铜鼎。

人为因素对文物的破坏是指人类的自身行为作用于文物，从而引起文物的质变与毁损。归纳起来，这类破坏主要有如下四种情况：

原发性破坏，是指青铜器在入土时，已经被人为地出于某种目的损毁。著名的四川三星堆遗址在考古发掘过程中就出土了大量人为打砸损坏并堆积掩埋的商代青铜器。不过在“原发性”破坏的案例中有一种比较特殊的现象——毁兵葬。毁兵葬自晚商殷墟时期已经开始。人们故意将兵器扭曲、折断等方式毁坏，并有规律地放置于墓葬中。宝鸡石鼓山商周贵族墓葬中就出土大量扭曲的兵器（图 4）。毁兵葬这样“原发性” 破坏造成的“病害”，其本身带有重要的考古价值，因此并不将其归类于需要修复保护的真正意义的病害。

建设性破坏，主要是指大规模建设工程造成破坏或危及地下文物遗存。不过这样的现象在《中华人民共和国文物保护法》(2017 年修正本)颁布后已经得到改善。法律明确规定，进行大型工程建设时，应事先报请文物部门进行考古调查和勘探。

盗窃性破坏，主要是指文物在盗掘、盗割、转运、倒卖的过程中造成的损坏。据相关统计报道，全国著名古墓中，未曾被盗的只是少数；地下非法青铜文物交易活跃使得文物盗窃走私活动猖獗。在盗墓过程中，由于盗洞较小，盗墓者往往会采用爆破、锯凿割裂等方式，对大件青铜器进行拆卸，以便运出盗洞。这种破坏造成的文物损失触目惊心。（图 5）

修复性破坏，主要是指在青铜文物修复过程中采取不可逆、不科学、不安全等材料与方法，造成文物的二次损坏。这样的现象在早期古董商贩的文物交易流通中普遍存在。《中华人民共和国文物保护法》明确规定：“修复馆藏文物，不得改变馆藏文物的原状；复制、拍摄、拓印馆藏文物，不得对馆藏文物造成损害。在实施青铜器修复时，要忠实于文物的原状，采用的材料和方法必须具有可逆性，对文物最小干预性，绝不允许增加修复者的主观臆造。”

对于自然破坏力，主要还是依靠科学发掘与文物保护修复技术，给予文物更好、更科学的保存环境。对于人为破坏因素，主要还是要加强文物保护宣传，提高全民文保意识和不断健全与加强相关政策、法规制度的制定与执行。

二 文物的科技检测与分析

文物的科技检测与分析是现代文物保护修复工作中一项非常重要的内容。修复文物如同医生给“患者”治病，早期专家在制定文物修复方案时大都依据的是文物研究者的观测与资深修复师的经验。随着现代文物修复理念的普及，确保文物在保护和修复中的安全性成为首要原则，因此对于文物保存状态以及病害程度的精确量化记录与保存要求，变得更为精确与科学。其中无损检测分析技术作为珍贵文物保护手段对文物的修复研究与展陈宣传有着十分重要的意义。

当代的青铜器修复与保护已经离不开现代科技检测技术的测试与分析，通过检测提取成分、材质、结构、制作年代、制造工艺等隐含信息，才能“对症施药”，制定相应的治疗修复或预防性保护措施。

（一）青铜文物本体及病害的微观形貌观察——显微分析

显微镜是文物修复保护中使用最为普及的检测仪器。弄清文物的微观结构，对制定和选择文物保护方案、采取有效的文物保护措施，具有十分重要的指导意义。显微镜按成像原理分为光学显微镜、电子显微镜。光学显微镜按类型分生物显微镜、金相显微镜、体视显微镜、偏光显微镜、

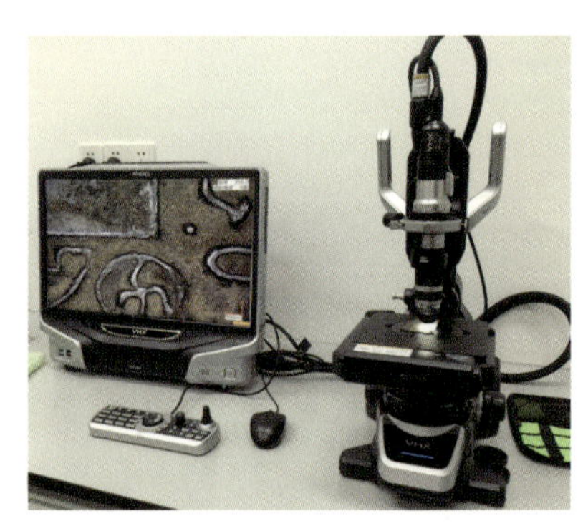

图 6　具有测量与计算功能的超高精细数码显微镜。

图 7　铅锡青铜铸造金相组织照片。

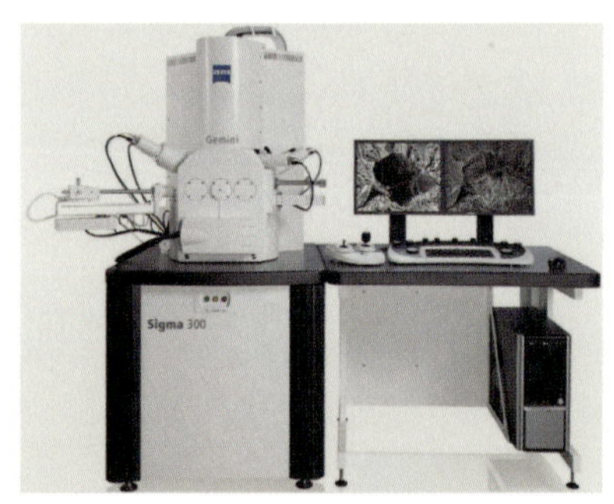

图 8　扫描电子显微镜。

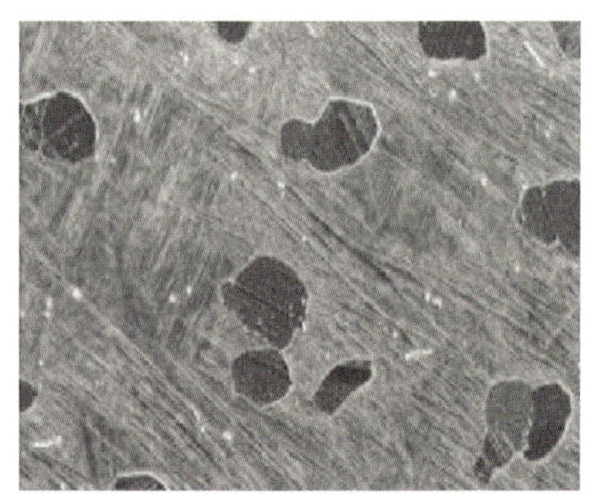

图 9　扫描电子显微镜与青铜文物二次电子像。

相差显微镜、荧光显微镜等。随着光学技术的不断发展，新一代光学显微镜，具有更强大的清晰度，可以提供更大景深与更为先进的测量功能，便携式的设计可以更为直观与便利地检测与保存青铜器的各项信息。电子显微镜按结构和用途分为透射电子显微镜、扫描电子显微镜、反射电子显微镜和发射电子显微镜等。在青铜器修复保护的不同环节会使用不同功能的显微镜。[1]（图 6）

1. 金相显微镜

金相显微镜是实体光学显微镜的一类，是青铜文物分析和保护工作中最常用的分析工具之一。金相显微镜主要用于研究古代金属的加工工艺、冶炼铸造工艺等问题，可以揭示青铜文物的金相结构，从而判明合金制造工艺。（图 7）

2. 扫描电子显微镜

扫描电子显微镜 (Scanning Electron Microscope, SEM) 是一种用于高分辨率微区形貌分析的大型精密仪器，是介于透射电子显微镜和光学显微镜之间的一种观察仪器，广泛应用于观察各种固态物质的表面超微结构的形态和组成。其利用聚焦的很窄的高能电子束来扫描样品，通过光束与物质间的相互作用，来激发各种物理信息，对这些信息收集、放大、再成像以达到对物质微观形貌表征的目的。新型的扫描电子显微镜的分辨率可以达到 1 纳米；放大倍数可以达到 30 万倍及以上连续可调；并且景深大，视野大，成像立体效果好。（图 8、9）

扫描电子显微镜还可以和多种检测仪器组合。能谱仪 (EDS) 是用来对材料微区成分元素种类与含量分析，配合扫描电子显微镜与透射电子显微镜的使用，可以对青铜材料的相分析、成分分析和夹杂物形态成分的鉴定，对青铜器表面涂层、镀层进行分析，对鎏金工艺、错金银青铜器表面微区成分的定性和定量分析等方面都有非常直观的效果。扫描电镜与拉曼光谱组合则可以获得样品微区的形貌、元素、化学物质结构组合的信息。因此，扫描电子显微镜在文物保护修复研究领域具有重大作用。[1]

（二）青铜器内部结构揭示——X射线探伤和断层扫描成像分析

X 射线探伤技术是利用 X 射线穿透物体而形成影像，可准确表现青铜物体的内部结构信息，由于不同物质的密度和结构不同，对 X 射线的吸收程度也不同，因此不同材质的文物适配不同的 X 射线能量范围，可以很好地提高不同材质文物的成像准确度和清晰度。20 世纪 50 年代，博物馆方面开始使用该技术检测古铜器，并获得了较好的检测成果。[2]（图 10）

10-1

10-2

图 10　日本正仓院藏唐代胡瓶的 X 射线探伤照片。

[1] 顾雯：《纳米扫描电子显微镜在文物鉴定中的应用》，《文物保护与考古科学》2015 年第 2 期。

[2] 胡东波：《文物的 X 射线成像》，科学出版社出版，2012 年。

X 射线探伤应用于青铜器分析时可以在无损伤条件下成功探测出青铜器的内部结构、腐蚀情况、加固修复痕迹等重要信息，并能直接拍摄出被锈层覆盖的铭文、纹饰。揭示了青铜器的铸造工艺研究、保存状况研究以及观测青铜器修复情况，为青铜器的保护修复工作提供了强有力的科学依据和指导作用。同时，文物 X 射线影像资料的留存，对文物修复档案的建立和完善具有重要意义。（图 11、12）

高精度“工业 CT”是“工业用计算机断层成像技术”的简称，它能在对文物无损伤条件下，采用辐射成像原理，以二维断层图像或三维立体图像的形式，实现对文物的非接触式三维高精度扫描，清晰、准确、直观地获得和展示被检测文物的内部结构、组成、材质及缺损状况，被誉为当今最佳无损检测和无损评估技术。[3]（图 13、14）

同时，工业 CT 不仅可以实现 X 射线探伤技术获取的文物信息，还能实现针对文物的定量无损检测与评价，并通过软件将高精度的断层扫描数据和材料信息进行整合，精确地还原文物各方面的 3D 模型数据，是一个实物数字化的微分过程。凭借精确的断层扫描数据为建模基础，使得工业 CT 成为最精确的文物三维扫描设备。

工业 CT 在文物保护与修复领域的无损检测技术研究具有重要的实际意义。其应用主要有五个方面：第一是检测文物内部各组分相对位置状况的判定；第二检测文物功能分析；第三是对检测文物结构尺寸的测量；第四是密度测量；第五是逆向工程应用。在青铜器修复保护领域，工业 CT 技术可以剖析古代青铜器的泥质芯撑、铜质垫片、范缝、加强筋等隐藏的工艺特征，探知文物内

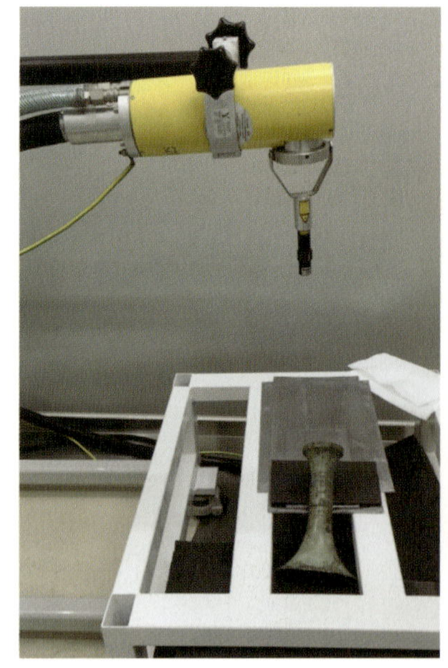

图 11　采用 X 射线探伤技术拍摄青铜器。

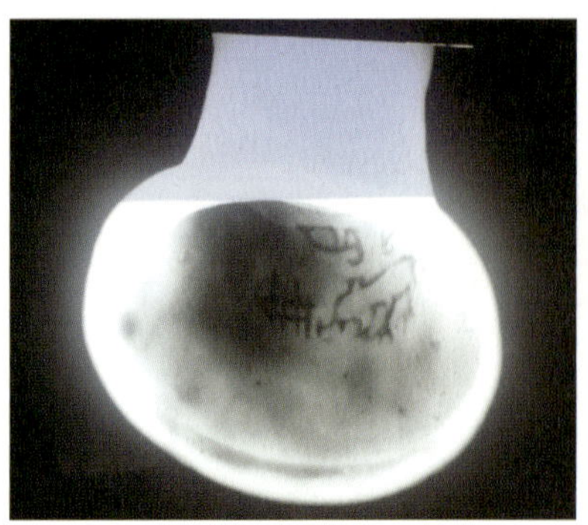

图 12　X 射线探伤技术拍摄出被锈层覆盖的青铜觚的铭文。

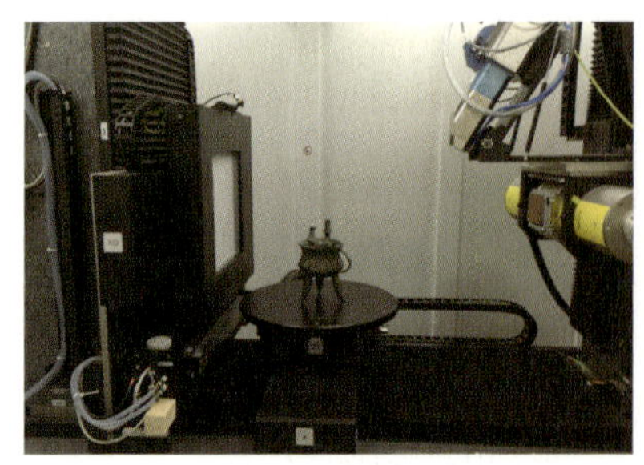

图 13　CT 拍摄。

[3] 陈慧能、杨树彬、杨安民等：《工业 CT 在文物考古无损检测技术中的应用》，2014 陕西省第十四届无损检测年会，2014。

图 14 商晚期兽面纹斝通过 CT 拍摄可以更为清晰直观地看到器物的内部结构。

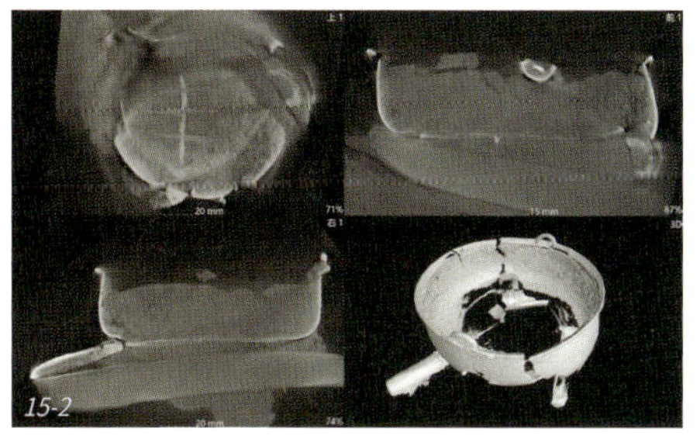

图 15-1 青铜鼎出土时的包裹体和附着物。
图 15-2 通过 CT 拍摄将青铜鼎的包裹体和附着物进行分离。

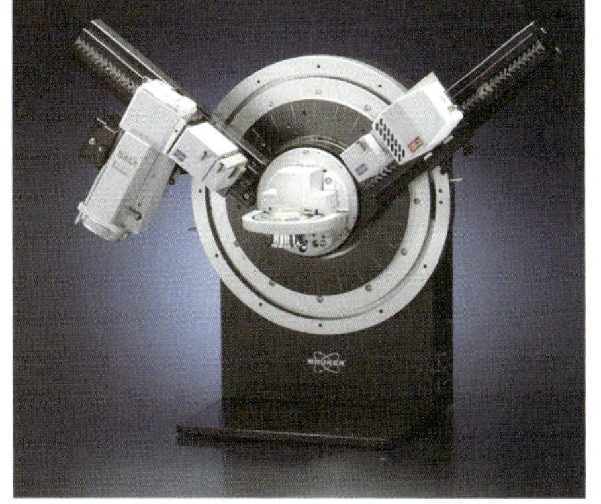

图 16 X 射线衍射仪。

部的工艺结构及损伤，了解文物材质及其病变规律。对文物的深层认知才能使我们更客观地选用有针对性的、切合实际的保护方法和材料，大大降低保护行为当中的冒险性，避免“保护性破坏”的盲目改动，更加有效地保护人类的文化遗产。（图 15）

（三）青铜器锈蚀层的分析——X射线衍射仪

X 射线衍射仪 (XRD) 是利用 X 射线衍射原理研究物质内部微观结构的一种大型分析仪器。X 射线衍射仪在金属和合金结构检测上的优势，使其成为目前金属研究和材料测试的常规方法，它在分析材料性能和各物相含量的关系、测定材料的成分配比以及随后的工艺规程是否合理等方面都可起到至关重要的作用。在各种测量方法中，X 射线衍射方法具有不损伤样品、快捷、测量精度高，并能得到有关晶体完整性的大量信息等优点。在青铜器研究领域，X 射线衍射仪常应用于对青铜器本体组成相结构和锈蚀层的检测。青铜器由于受到环境长期腐蚀作用的影响，其腐蚀状况较为复杂，表面大多积满了各种类型的锈蚀产物。青铜器的锈蚀层生成是长期渐变的过程，并且和外部环境密切相关，具有特定的规律性。因此引入相应的锈蚀层分析手段，可为区分青铜器锈蚀层为“自然生成”或“人工仿制”提供科学依据。

X 射线衍射分析与现有的 X 射线光谱仪结合使用，可以正确全面把握文物的成分结构信息，从而进行科学分析，对于青铜器和其他文物的鉴定提供更强有力的科学依据。（图 16）

（四）青铜器本体及病害的元素组成分析——X射线荧光光谱分析

X 射线荧光光谱分析（XRF）是确定物质中常量与微量元素的种类和含量的一种无损、快速的分析方法，目前已经广泛应用于各类文物的分析研究中。该方法利用原级 X 射线光子或其他微观粒子激发待测物质中的原子，使之产生次级的特征 X 射线（X 光荧光）而进行物质成分分析和化学态研究。利用 X 射线荧光光谱分析青铜器本体或锈蚀物的元素组成，可以为中国古代青铜器的原料使用、制作配方以及腐蚀产物的判别提供直接证据，同时也可对青铜器的产地、时代判别等提供参考数据。便携式掌上型 X 射线荧光光谱分析仪，适用范围更大。[4]（图 17）

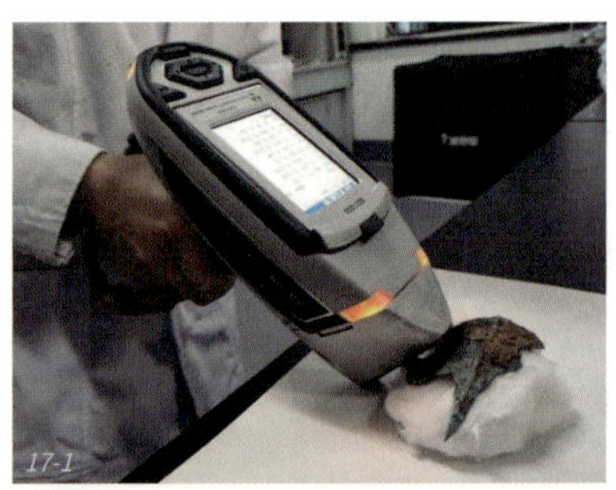

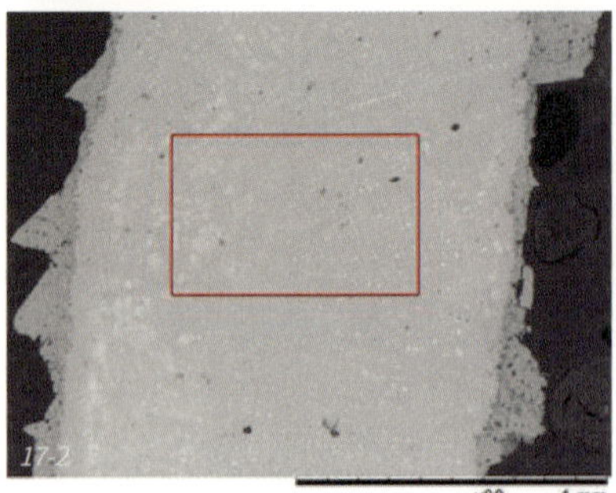

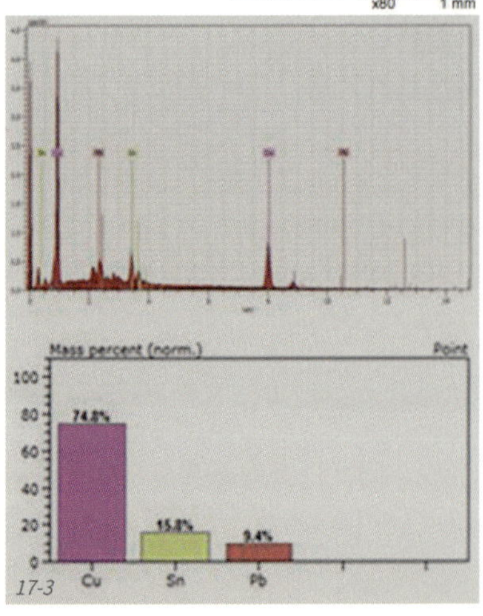

图 17　X 荧光光谱仪分析考古出土青铜金属基体的合金元素组成。

（五）青铜器锈蚀结构研究——拉曼光谱技术

拉曼光谱（Raman Spectra）是一种散射光谱，对与入射光频率不同的散射光谱进行分析以得到分子振动、转动方面信息，从而应用于分子结构研究。由于它能够通过非接触的方式获得物质的分子信息，因而被应用于文物的分析中。该方法具有指纹性、快速性、灵敏性、简单性等特点，作为无损的分析方法，拉曼光谱技术在文物的保护与修复的研究显示出非常好的应用前景。

人们利用拉曼光谱技术可以了解青铜器锈蚀结构研究，能够揭示出青铜器腐蚀机理，为制定科学的保护措施提供重要的参考资料。

（六）青铜器辨伪——热释光测年技术

热释光是一种物理现象，是绝缘结晶固体受到放射性照射发生电离，形成电子的空穴被晶格缺陷或陷阱捕获，在加热过程中又重新以光的形式释放出来。由于样品所积累的能量与年代是相关的，因此可以利用热释光技术进行断代检测。热释光测年技术主要适用于陶瓷器及其他火烧黏土样品，青铜器内的陶范也同样可以进行热释光断代检测。[5]

简单地说，青铜器内陶范不仅含有微量铀、钍和少量钾等放射性物质，还夹有石英、长石、云母、磷灰石等结晶固体颗粒。它们每时每刻都受到各类辐射的作用。当陶范烧制时，高温把结晶固体中原先贮存的能量都已释放完了。带有陶范的青铜器在它被铸成之日起，便不断地吸收和累积外界的辐射能量。年代愈久，热释光量就愈多，即热释光量与所受的放射性总剂量成正比。铀、钍、钾的寿命很长，陶器中的放射性强度实际上是不变的。“热释光”方法就是通过测量这件陶范内累积的辐射能来测定青铜器铸造时间，达到断代的目的。

每一种检测方法虽然都有其优点，但也有其局限性。在实际青铜器修复和研究中，如果想获得多方面综合信息，就需要综合采用多种方法进行检测。[6]

[4] 熊樱菲、何文权：《能量色散 X 射线荧光分析技术在古文物研究与鉴定中的应用》，《岩矿测试》（第 21 卷增刊），2002 年 5 月。

[5] 马宏林、周伟强：《利用陶范或砂范对青铜器进行间接热释光断代》，《核技术》，1999 年第 22 卷第 10 期。

[6] 国家文物局博物馆与社会文物司：《博物馆青铜文物保护技术手册》，文物出版社，2014 年，第 62 页。

各种检测方法对比

检测种类	检测方法	优点	缺点	范围
形貌观察	体视显微镜	价格便宜，使用方便	放大倍率低	可用于观测器物的全貌
	三维视频显微镜	大景深，工作距离长，自动对焦变焦	价格昂贵	可满足样品全貌与细节的显微观测
成分分析	X射线荧光光谱分析(XRF)	无损分析，分析速度快	对原子数低的元素探测能力较弱	适用于样品中主次量元素的分析，可检测元素周期表Na以上的元素
	扫描电子显微镜-能谱仪(SEM-EDX)	可点、线、面元素分析相结合	对于大样品需要取样分析	适用于样品的微区检测，同时，线扫描和面扫描分析分别可以获得样品在一选定线上或面上的某一元素的浓度变化分布
	电感耦合等离子体发射光谱仪(ICP-AES)	准确度高	分析成本较高，对环境要求高	主要用于样品中金属元素和部分非金属元素的定量分析，适用于主次量元素的分析
探伤分析	X光探伤	无损分析，透视性强，反映结果清晰直观	二维叠加影像，对三维实物检测有局限性	适用于各类青铜文物的探伤检测
	CT断层扫描	灵敏度比常规射线检测技术高两个数量级	检测成本高，需要更完善的防护措施	
	超声波探伤	更加安全，较X光具有较高的探伤能力	需要被测文物表面平整	适用于检测较厚的青铜文物
物相检测	X射线衍射仪(SRD)	得到的信息量较多	需要样品量较大	适合样品量多的试样
	拉曼光谱(Raman)	样品需求量少，无须制样，青铜的大多数锈蚀产物都能得到很好的 Raman 谱图	相对得到的信息量较少	适合微量、无损样品以及多层锈蚀物样品的原位检测

第五篇

青铜器修复方案及修复档案的编写

文物保护修复方案与档案是文物保护修复工作中不可或缺的重要环节，既可以保留文物本体在修复前后的一系列重要信息，还能够将保护修复工作涉及的整个过程完整地记录下来，成为文物保存档案中最重要的组成部分，成为后期研究工作有力的档案资料。采用科学的方法来进行文物保护修复方案与档案的构建，不仅是文物保护学科建设的必然需求，也是有效传承、保护非物质文化遗产的一个重要路径。

由国家颁布和各部委、行业协会编写的一系列相关国家标准和行业标准，是目前中国编制青铜文物修复保护方案制定与档案记录的规范标准。[1]

青铜器修复保护档案主要包括修复详细操作流程、日志、影像资料、文字、分析图表、电子档案等等。（图 1）

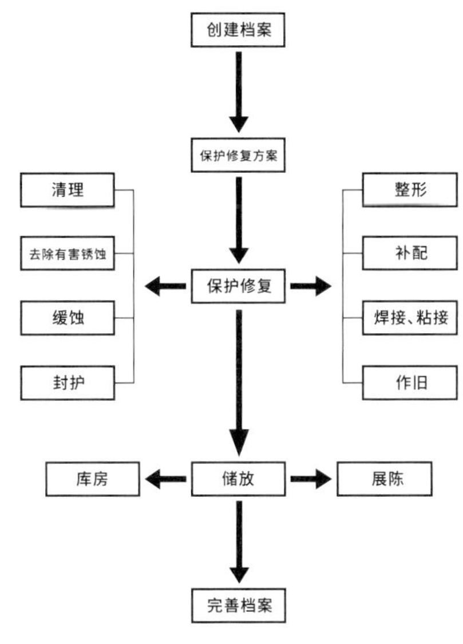

图 1　青铜器保护与修复基本流程图。

一　建立保护修复档案

按照中华人民共和国国家标准《馆藏金属文物保护修复档案记录规范》（GB/T 30687-2014）建立规范化的档案。[2]

详细了解并记录青铜器的基本信息，包括青铜器的征集、收藏、保存历史资料，曾经保护修复使用的方法、材料和照片资料，以及对青铜器曾经进行的各种分析与检测报告、照片、录像、文字资料以及修复前的 3D 扫描数据等，从全方位详细记录本次文物修复前的状态。档案编制和记录工作贯穿整个青铜器保护修复工作始终。编制和记录的方法与细则可以参见相关规范。

[1]《中华人民共和文物保护标准汇编（一）》，文物出版社，2010 年。

[2] 国家文物局：《中华人民共和国文物保护行业标准（WW/T 0010-2008）：馆藏金属文物保护修复档案记录规范》，文物出版社，2009 年 7 月。

二 保护修复档案编制

《馆藏金属文物保护修复档案记录规范》（GB/T 30687-2014）规定了馆藏金属文物保护修复方案编写的文本内容和格式，定义了馆藏金属文物保护修复工作的基本术语。这项国家标准适用于对馆藏金属文物保护修复方案的制定，对于收藏、流散或传世文物以及考古现场金属文物保护修复方案的编写也具有一定的参考价值。

（一）保护方案编写的核心[3]

[3] 国家文物局博物馆与社会文物司主编：《博物馆青铜文物保护技术手册》，文物出版社，2014年。

1. 文物价值的评估

利用考古资料和文献，结合现状评估信息，并邀请考古学家和艺术史研究人员，共同评估青铜器的历史、科学和艺术价值。

2. 青铜器病害的分析与检测

主要运用肉眼、显微观察、X光透视或CT扫描分析解读器物宏观信息，依据观察和分析结果绘制病害图，运用偏光显微镜、X射线荧光、X射线衍射、红外光谱、拉曼光谱等技术，分析青铜器表面锈蚀形貌、锈蚀层和结构，尤其关注氯化物锈蚀产物和腐蚀产物类型，利用金相显微镜、能谱仪、ICP-AES、X射线荧光及扫描电子显微镜等技术，分析青铜器合金成分和显微结构，判断青铜器的合金类型、相分布及对腐蚀产生的影响。

3. 认定文物保存现状

依据对青铜病害的分析结果确认器物处于基本完好、轻度腐蚀、中度腐蚀、重度腐蚀还是濒危状态，基于不同的保存环境条件选择相应的保护处理方法和材料；依据详细观察结果和X光透视或CT扫描信息确定器物扭曲、残破、断裂的程度，从而采取必要的修复技术。

（二）保护修复档案记录的文本内容

馆藏金属文物保护修复档案记录的文本内容包括文物保护修复基本信息、文物保存现状、文物检测分析、文物保护修复记录、文物保护修复验收等项（表 1~5）。

表 1　文物保护修复基本信息

<table>
<tr><td colspan="2">文物名称</td><td></td><td>文物
登录号</td><td colspan="3"></td></tr>
<tr><td colspan="2">文物材质</td><td></td><td>文物时代</td><td colspan="3"></td></tr>
<tr><td colspan="2">文物级别</td><td></td><td>收藏单位</td><td colspan="3"></td></tr>
<tr><td rowspan="3">文物来源</td><td colspan="2">考古发掘</td><td colspan="4">传世（捐赠）收藏</td></tr>
<tr><td>发掘时间</td><td></td><td>入藏时间</td><td colspan="3"></td></tr>
<tr><td>发掘地点</td><td></td><td>入藏地点</td><td colspan="3"></td></tr>
<tr><td colspan="2">保存现状</td><td colspan="5"></td></tr>
<tr><td colspan="2">保护修复
历史</td><td colspan="5"></td></tr>
<tr><td colspan="2">提取经办人</td><td></td><td>提取日期</td><td colspan="3"></td></tr>
<tr><td colspan="2">返还经办人</td><td></td><td>返还日期</td><td colspan="3"></td></tr>
<tr><td colspan="2">方案名称
和编号</td><td colspan="5"></td></tr>
<tr><td colspan="2">批准单位</td><td></td><td>批准时间</td><td></td><td>批准文号</td><td></td></tr>
</table>

记录人：　　　　　　　　　　校核人：

表 2　文物保存现状信息

<table>
<tr><td colspan="2">保护修复前
尺寸/cm</td><td></td><td>保护修复前
重量/g</td><td></td></tr>
<tr><td colspan="2">保存环境</td><td colspan="3"></td></tr>
<tr><td rowspan="3">病害状况</td><td>病害描述</td><td colspan="3"></td></tr>
<tr><td>病害图示及照片</td><td colspan="3"></td></tr>
<tr><td>保护修复前影像资料</td><td colspan="3"></td></tr>
</table>

表 3　文物检测分析信息

样品编号	检测时间	取样或检测部位	样品性状描述	检测目的	检测分析方法	检测结果	检测条件	送检单位及送检人	检测单位及检测人
备注	说明：记录所用仪器型号。（可续页）								

表 4　文物修复过程记录

<table>
<tr><td colspan="6">综述（材料、工艺、步骤及操作条件，附影像资料）：</td></tr>
<tr><td>保护修复后尺寸</td><td colspan="2"></td><td colspan="2">保护修复后重量</td><td></td></tr>
<tr><td>完成日期</td><td></td><td>修复人员</td><td></td><td>审核</td><td></td></tr>
<tr><td colspan="6">保护修复日志</td></tr>
<tr><td>文物名称</td><td></td><td>修复人员</td><td></td><td>日期</td><td></td></tr>
<tr><td colspan="6">（可后续附加）</td></tr>
</table>

表 5　文物保护修复验收

<table>
<tr><td>自评估意见：

日期　　　　签章</td></tr>
<tr><td>验收意见：

日期　　　　签章</td></tr>
</table>

三 文物病害与图示国家标准

根据 2015 年实施的中华人民共和国国家标准《馆藏青铜质和铁质文物病害与图示》（GB/T 30686-2014）的规定，不同青铜器病害的基本术语以及青铜器病害的图示，以适用于博物馆、考古所等文物收藏的青铜质和铁质文物的记录与图示。（图 2）

编写档案内涉及的影像、格式、储存等规范参见相关国家及行业规范。

《照片档案管理规范》（GB/T 11821-2002）

《科学技术档案案卷构成的一般要求》（GB/T 11822-2008）

《电子文件归档与管理规范》（GB/T 18894-2002）

《馆藏金属文物保护修复方案编写规范》（WW/T 0010-2008）[4]

国家与行业标准的制定为青铜文物的修复与记录提供了规范的提纲与框架，但由于我国各地考古与收藏机构的青铜文物出土、收藏以及保护修复条件各不相同，因此各地区需在总的标准和规范下进行适当调整，以适应各地不同的情况需求。

随着保存记录形式的进步与发展，修复方案及档案的制定也已经从早期简单的文字记录描述、手工测量绘图、拍摄图片影像发展到保存文物 3D 扫描数据、各种科学仪器测试数据、以及所有相关学术论著与观点，为后期研究与共享资料提供极大的便利。

[4] 中华人民共和国国家文物局编：《中华人民共和国文物保护行业标准（WW/T 0010-2008）：馆藏金属文物保护修复方案编写规范》，2008 年。

图 2　青铜质和铁质文物病害图示

编号	图示	图例	名称	说明
01			残缺	平行线间隔2mm为宜
02			断裂	随断裂走向表示为宜
03			裂隙	长线随裂隙走向表示，短线长2mm，相隔5mm为宜
04			变形	直线线段长5mm，曲线长5mm～10mm为宜
05			层状堆积	单个符号斜向平行线间隔2mm，短线长3mm为宜，间隔不小于5mm
06			孔洞	单个符号圆形直径5mm为宜，间隔不力，于2mm
07			表面硬结物	单个符号的菱形边线3mm为宜，间隔不小于5mm
08			矿化	单个圆形符号直径5mm为宜，间隔不小于5mm
09			点腐蚀	单个符号大小以3mm为宜，间隔不小于2mm
10			微生物损害	单个符号大小以3mm为宜，间隔不小于2mm

GB/T 30686—2014

附　录　B

（资料性附录）

青铜质和铁质文物病害图示使用范例

图B.1提供了绘制青铜质文物病害图示的使用范例。图B.2提供了绘制铁质文物病害图示的使用范例。

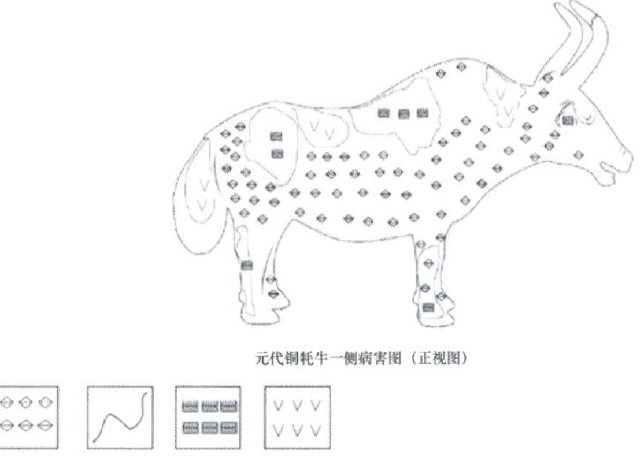
元代铜牦牛一侧病害图（正视图）

表面硬结物　裂缝　层状堆积　点腐蚀

比例尺：××:××

病害图制作单位：××××××
××××年××月××日
绘制人：×××

青铜质文物病害图示使用范例

第六篇

青铜器修复的基本流程

一 青铜器的清洗与去锈

“锈”是一种腐蚀产物，是青铜在空气、水或泥土中受到各种污染源的侵蚀，使青铜材质发生化学反应和电化学反应，Cu、Sn、Pb 单质变成化合物，还原到矿化物的过程，引起金属的破坏或变质，生成了与原金属的化学成分和性质全然不同的氧化物、含水氧化物或碱式盐的总称。腐蚀的原因比较复杂，除了外因，青铜文物材质、化学成分的不均匀、组织结构的差异及铸造缺陷等内因都是造成腐蚀的因素。作为青铜时代的文化载体，青铜器历经千年，绝大多数都出自墓葬、遗址或者窖藏。作为腐蚀介质——土壤的毛细管及孔隙，被空气、水和电解液充满。不同的配比的青铜器埋于土壤中，在空气、水、电解液的作用下，自然形成各种不同结构、不同外观的腐蚀覆盖层（图 1）。覆盖层中主要有氧化物、硫化物、硫酸盐、碳酸盐、磷酸盐、硝酸盐以及氯化物等等，使表面色彩缤纷，绝大多数属腐蚀产物，有些蓝绿色亮丽的锈色不仅没有破坏青铜器，反而更增添了古朴的美感。（图 2、表 1）

图 1 青铜器上古朴的锈色。

图 2 色彩丰富的青铜器锈色。

（一）锈蚀质感的分类

按锈蚀层的质感与颜色分类，是中国传统金石古玩界较为流行的一种方式。不同质地的锈蚀有专用术

图 3　黑漆骨。

图 4　绿漆骨。

图 5　水银沁。

图 6　泛金底。

表 1　青铜器腐蚀

类别	矿物名称与分子式	晶系	颜色
铜的氧化物和氢氧化物	赤铜矿Cu_2O	立方晶体	亚金属红色
	黑铜矿CuO	单斜晶体	金属灰黑色
	斯羟铜矿$Cu(OH)_2$	无定形	
锡的氧化物	锡石SnO_2	四方晶体	白色
铅的氧化物	铅黄α—PbO		黄色
铜的硫化物	辉铜矿Cu_2S	六方晶体	浅黑灰色
	铜蓝CuS	六方晶体	蓝色
碱式碳酸铜	孔雀石$CuCO_3 \cdot Cu(OH)_2$	单斜晶体	浅绿色
	蓝铜矿$2CuCO_3 \cdot Cu(OH)_2$	单斜晶体	玻璃蓝
	蓝铜钠石$Na_2Cu(CO_3)_2 \cdot 3H_2O$	单斜晶体	绿蓝色
碱式碳酸盐	水胆矾$Cu_4SO_2 \cdot (OH)_6$	单斜晶体	玻璃绿色
	胆矾$CuSO_4 \cdot 5H_2O$	三斜晶体	深蓝色
	羟铜矾$Cu3SO_4 \cdot (OH)_4$	斜方晶体	玻璃绿色
铜的磷酸盐和硝酸盐	磷铜矿$Cu_2(PO_4)(OH)$	斜方晶体	透明的绿色
	铜硝石$Cu_2(NO_3)(OH)_3$	斜方晶体	深浅不一的橄榄绿色
铅的碳酸盐	白铅矿$PbCO_3$	斜方晶体	白色
	水白铅矿$Pb_3(CO_3)_2(OH)_2$		白色
铜的氯化物和碱式氯化物	氯化亚铜CuCl	立方晶体	淡绿色
	氯铜矿$Cu_2(OH)_3Cl$	斜方晶体	玻璃绿色
	副氯铜矿$Cu_2(OH)_3Cl$	斜方六面体	淡绿色
	羟氯铜矿$Cu_2(OH)_3Cl$	单斜晶体	淡蓝绿色
	斜氯铜矿$Cu_2(OH)_3Cl$	单斜晶体	淡绿色
	氯磷钠铜矿$NaCaCu_3(PO_4)_4Cl \cdot 5H_2O$	斜方晶体	蓝绿色

语命名。青铜器的腐蚀按生成关系与可视状态基本分为皮壳、薄锈、厚锈、发锈四类。

1. 皮壳

皮壳也被称为“底子”或“贴骨锈”，是青铜器在保存与流传环境中与周围环境中的多种化学物质长期发生作用，在青铜器基体表面生成的一层稳定、致密的无害氧化层，对青铜器有一定的保护作用，有效地加强了青铜器抗外界腐蚀能力。皮壳通常质感光亮如漆，质地厚实，颜色丰富，层次错综复杂。古董界还将这些皮壳起了各种俗称，例如黑漆骨（图3）、绿漆骨（图4）、水银沁（图5）、泛金底（图6）等等。

2. 薄锈

薄锈，通常指单层锈。它浮于皮壳之上，颜色和成分相对纯净，呈现出深浅不一的绿锈、蓝锈。薄锈多出于青铜器窖藏，窖藏出土的青铜器由于没有与土壤直接接触，属于封闭环境中的大气腐蚀，青铜器在缺氧的和中等浓度的非氧化性酸中表现得相当稳定。（图 7~9）

7

8

9

图 7-9　呈现出深浅不一的绿锈、蓝锈的单层锈。

图 10、11　层次丰富、锈色多样、锈体坚硬、层次明显的厚锈。

3. 厚锈

厚锈是指层次丰富、锈色多样、锈体坚硬、层次明显的锈。由几层不同颜色的杂色氧化物组成，层次复杂。天然锈层的边缘都有很自然的矿物质晶体断面。厚锈多出自相对干燥的北方地区。（图 10、11）

4. 发锈

发锈是金石收藏界对于一种锈蚀的术语，是指一种青铜器表面硬结物锈蚀，因其自内向外腐蚀会使青铜器基体表层凸鼓起来形成一个个锈泡，常常伴生有害锈（粉状锈）发作，故名“发锈”。（图 12、13）

（二）锈蚀形态的分类

现代文物保护将锈蚀的腐蚀形态大致可以归为如下几种。

1. 减薄和失重腐蚀

减薄和失重腐蚀，是指铜质文物全面受到均匀腐蚀的现象。在没有局部性侵蚀的情况下，整体减薄是一种破坏性最

图 12、13　青铜器表面硬结物锈蚀。

小的腐蚀现象。用被腐蚀件的失重随时间的变化数据可以比较准确地表征其受侵蚀的程度。

2. 点蚀

点蚀[1]，青铜“粉状锈”是典型的点蚀现象。潮湿、含氯离子的环境等因素是形成点蚀的原因。

3. 选择性腐蚀

选择性腐蚀[2]是指金属在腐蚀过程中，表面上某些特定部位有选择地溶解现象。实验表明，在缺氧的环境中，认为青铜组织结构中的 α 相（富铜相）优先腐蚀，进一步实验表明 α 相及 β 相（富锡相）中究竟哪一相优先腐蚀取决于氧的含量。许多研究表明青铜表面腐蚀产物中富锡，由此推出青铜中锡优先于铜腐蚀形成腐蚀产物，或者铜优先于锡腐蚀并且铜流失造成锡富集，可见，哪一组分优先腐蚀，与文物所处环境有关。事实上我们所观察到的腐蚀层是由于溶解的金属离子从基体向外迁移、沉积、流失，环境介质元素向内迁移，两者相结合所形成的。

4. 晶间腐蚀

晶间腐蚀[3]是局部腐蚀的一种，是沿着金属晶粒间的分界面向内部扩展的腐蚀。主要由于晶粒表面和内部间化学成分的差异以及晶界杂质或内应力的存在。晶间腐蚀破坏晶粒间的结合，大大降低金属的物理强度。腐蚀发生后金属和合金的表面仍保持一定的金属光泽，看不出被破坏的迹象，但晶粒间结合力显著减弱，力学性能下降，不能经受敲击，是一种很危险的腐蚀。青铜的金相组织为单相的 α 固溶体及多相的 α、（α + β）共析体，铅常以游离态存在于单相和多相体系中，因此存在大量的晶间和相界。腐蚀通常是沿着 α 相与 β 相的相界或晶间开始。

5. 应力腐蚀开裂

青铜铸件在应力和腐蚀环境的共同作用下引起的开裂被称为应力腐蚀开裂[4]，这是应力与腐蚀联合作用的结果。如果只有一

[1] 段林峰、张志宇：《化工腐蚀与防护》，化学工业出版社，2008 年，25-26 页。

[2] 祝新伟主编：《压力管道腐蚀与防护》，华东理工大学出版社，2015 年 7 月，第 96 页。

[3] 魏宝明：《金属腐蚀理论及应用》，化学工业出版社，1984 年。

[4] 刘瑞堂、刘锦云：《金属材料力学性能》，哈尔滨工业大学出版社，2015 年。

个方面，如只有应力或者介质的作用，破坏不会发生，但当两者联合作用时，青铜铸件能很快发生开裂。存在宏观残余应力的铜质文物，在特定的腐蚀条件下，腐蚀和静态应力共同作用会促使文物开裂。

（三）锈蚀性质的分类

根据性质可分为两大类：

1. 无害锈

化学性质稳定的锈蚀被称为无害锈。皮壳和一些质地坚硬的锈蚀，如黑色的氧化铜、红色的氧化亚铜、绿色或蓝色的碱式碳酸铜等均属于无害锈。（图 14）

2. 有害锈

青铜器有害锈的化学成分主要是氯化亚铜（CuCL）和碱式氯化铜 $Cu_2(OH)_3CL$。碱式氯化铜是“青铜病”粉状锈的主要成分。粉状锈质地酥松，呈粉绿色。这种锈的危害性极大，可以把青铜器腐蚀成一堆铜锈，

图 14　化学性质稳定的锈蚀被称为无害锈。

又被称为青铜器的“癌症”。这种锈会对青铜器基体造成伤害，破坏文物信息。关于青铜器粉状锈机理与清除研究一直是青铜文物保护的重要研究课题。目前粉状锈成因机理大致归纳为三点。

（1）铜的电化学腐蚀机理[5]

青铜器在埋藏环境中接触到氯化物，半径小的氯离子容易穿透水膜而与铜发生作用形成氯化亚铜（灰白色蜡状物）：Cu+CL=→CuCL+e，氯化亚铜又与水反应生成氧化亚铜和盐酸：$2CuCL+H_2O \rightarrow Cu_2O+2HCL$。氧化亚铜（红色）遇氧气、水和二氧化碳时可生成碱式碳酸铜（绿色）：$Cu_2O+OH_2O+CO_2 \rightarrow CuCO_3 \cdot Cu(OH)_2$，氧化亚铜遇水、氧，加上盐酸又可转化为碱式氯化铜（粉绿色）：$2Cu_2O+2H_2O+O_2+2HCL \rightarrow CuCL_2 \cdot 3Cu(OH)_2$。由此可见，青铜器受到环境影响所形成的腐蚀产物是一种由内向外为 CuCL、Cu_2O，再向外是 $CuCO \cdot Cu(OH)_2$ 或 $CuCL_2 \cdot 3Cu(OH)_2$，两者呈相互层叠状结构，这一结果已被X射线衍射法的实验所证实。由于氯化亚铜层的转化产物——碱式氯化铜是疏松膨胀的，呈粉状，通常称为粉状锈，氧和水仍可进入其中，使氯化亚铜层转化为碱式氯化铜：$4CuCL+O_2+4H_2O-CuCL_2 \cdot 3Cu(OH)_2+2HCL$，这就造成了内部生成粉状锈的条件；生成的盐酸遇到共析组织，又使铜转化为氯化亚铜：$4Cu+4HCL+O_2 \rightarrow 4CuCL+2H_2O$，形成的氯化亚铜又与浸入内部的氧气和水作用生成碱式氯化铜。这样周而复始，使青铜器的腐蚀产物不断扩展、深入，形成层状结构腐蚀，最终生成粉状锈，使铜器酥粉脆化。

（2）点蚀性机理

由于青铜合金成分铜、锡、铅不均匀分布，形成许多电位不同的微区，从而组成微电池进行电化学腐蚀。其锈蚀蔓延的条件是潮湿、含氯离子的环境，这是点蚀发生的外界因素。

[5] 赵慧萍、赵文娟、张晓芳：《金属电化学腐蚀与防腐浅析》，《化学工程与装备》，2013 年第 10 期，第 135-136 页。

(3) 晶间腐蚀机理

由于青铜器内金相组织不同，每个相中锡的含量不同，合金铜中的电化学腐蚀受到相中含锡量多少的制约，锡含量较高的相电化学腐蚀容易产生，氯离子在粉状锈的生成过程中仍起着关键作用。由此可见，“粉状锈”产生的基本条件是相同的，即水分、水溶性氯化物（盐分）和氧化性气体。

图 15　在保留青铜镜表面重要的附着物的基础上清理铜镜。

（四）清洗与去锈的原则

青铜器受腐蚀损害程度的不同，表面呈现的状态也不同，修复人员应该有针对性地采取不同的措施。清洗与去锈的原则是对于有害锈必须彻底清除，在保留青铜器表面带有重要信息的包裹物、附着物的基础上，去除器物表面的污物、浮土、沉积物（图 15）。对稳定的无害锈则可采取最小干预性的原则，并结合不同的收藏要求操作；对遮挡了纹饰与铭文等部分信息以及影响整体美观的无害锈，也应该进行有选择性的去除。在传统青铜器修复中，去锈是至关重要的一步，不同颜色的锈层下会出现何种“皮壳”？如何在保证“皮壳”安全漂亮的情况下有效地去除不同锈层？这依赖于修复师应对各种复杂锈层的技术与经验。同样，去锈既是一门技术，也是一门“艺术”。青铜器表面美丽的蓝色、绿色锈层是青铜器传承千年的一部分，也是东方传统金石审美趣味的体现。蓝绿锈层在局部取舍与整体布局上体现出的自然与古朴的金石情趣，也反映出修复师对传统东方美学真正的理解程度。

（五）清洗与去锈的方法

1. 物理清洗与去锈

(1) 器械剔除

早期的机械清除方法中外雷同，大都采用一些精细手动工具及手持式电动工具，例如三棱刮刀、雕刻刀、手术刀、锤子、凿子、各种刷子、打磨机，以及一些不锈钢手术器械、牙科器械，通过震动、打磨、刮剔、扫刷等方式除去青铜器表面的沉积物与不美观的锈层，适用于表面锈层不厚、易于去除的青铜器。手工机械剔除锈层对于修复人员的操作力度以及经验的要求较高，在显微镜下操作更为安全，以免用力不慎剔伤青铜器基体。（图 16）

图 16　器械剔除锈层后的商晚期兽面纹鼎。

(2) 喷砂去除

采用可调控的喷砂设备，根据锈层情况选择不同颗粒度的喷砂材料（如二氧化硅粉、核桃壳粉、玉米粉等）在适当的喷砂强度下对坚硬厚实的锈层进行去除。其最大优势是可有效去除大面积的不溶性硬垢层，而且可人为控制去除的量及厚度。由于器物表面腐蚀程度不同，锈层密度参差不齐，喷砂去锈尤其需要由轻到重、由缓至急，以免伤及需要保留的器物基底的致密氧化层。（图 17、18）

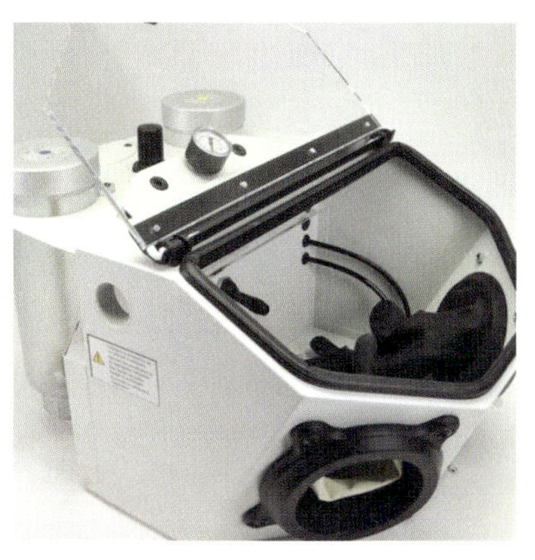
图 17　微型喷砂机。

图 18　经局部喷砂处理的纹饰。

(3) 超声波清洗去锈

超声波是一种频率超出人类听觉范围 20kHz 的声波。超声波的传播要依靠弹性介质，其传播时，使弹性介质中的粒子振荡，并通过介质按超声波的传播方向传递能量。超声波清洗正是利用超声波在液体中的空化作用、加速度作用及直进流作用对液体和污物直接、间接的作用，使污物层被分散、乳化、剥离从而达到清洗目的。目前应用广泛的主要由槽式超声波清洗和超声波洁牙机清洗。

槽式超声波清洗需要将器物完全浸泡在液体中，利用超声波在液体中的空化作用、加速度作用及直进流作用，对液体和污物直接、间接的作用，使污物层被分散、乳化、剥离从而达到清洗目的。

超声波洁牙机是利用可调节的超声波产生的不同的频率振动，通过光滑的超声波洁牙机工作头，把青铜器表面的污物、锈蚀混合物震碎，然后通过洁牙机产生的水雾把污物冲刷下来，以达到清洗去锈的目的。（图 19、20）

图 19　未去锈前的商晚期凤鸟纹方鼎。

图 20　运用超声波去锈后的商晚期凤鸟纹方鼎。

(4) 蒸汽清洗

蒸汽清洗也叫过饱和蒸汽清洗，是通过高温高压作用下的饱和蒸汽，对被清洗青铜器表面的溶解性残留物进行溶解清洗，使被饱和蒸汽清洗过的器物表面达到超净态。同时，过饱和蒸汽可以有效切入任何细小的孔洞和裂缝，剥离并去除其中的污渍和残留物。蒸汽清洗绿色环保，无须任何化学介质，被清洗器物表面迅速干燥，不产生废水，无二次污染。蒸汽清洗对于青铜器表面的化学品残留、蜡、有机类污物都有快速有效的去除效果。（图 21）

图 21　采用蒸汽清洗清乾隆鎏金铜钟表面的化学品残留。

(5) 干冰清洗

干冰清洗又称冷喷，是以压缩空气作为动力和载体，以干冰颗粒为被加速的粒子，通过专用的喷射清洗机喷射到被清洗物体表面，利用高速运动的固体干冰颗粒的动量变化、升华、熔化等能量转换，使被清洗物体表面的污垢、残留杂质等迅速冷冻。冷冻脆

利用冲击力
使附着物被剥离

利用大幅度温差
使剥离力提升

利用升华作用
清除附着物

图 22-1　干冰清洗原理示意图。

图 22-2、22-3　干冰清洗铜镜前后。

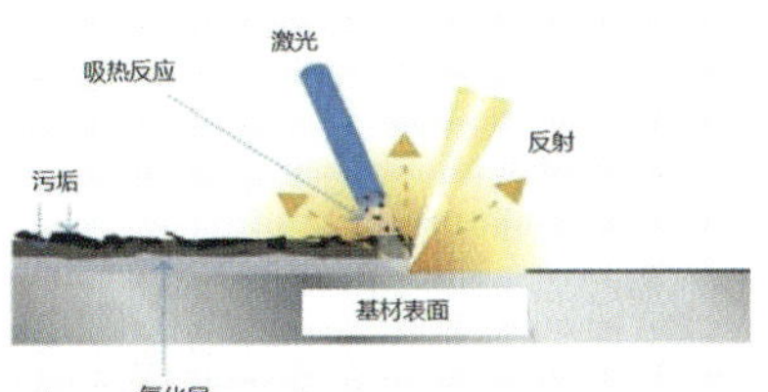

图 23　激光清洗原理示意图。

图 24　激光清洗青铜器。

化污物，污物在被清洗的表面上破裂，由粘弹态变成固态，且脆性增大，黏性减小，使之在表面上的吸附力骤减，同时表面积增大，部分污物可以自动剥离，且同时随气流被清除，达到了脱除污物的目的。这种方法比较适合清除质地较好的器物上的类似油漆、蜡、油污等原本易变形、有黏性的不易被机械剔除的污垢。干冰清洗不会对被清洗物体表面造成任何伤害。（图 22）

(6) 激光去锈

所谓激光去锈技术是指利用高能激光束照射工件表面，使表面的污物、锈斑或涂层发生瞬间蒸发或剥离，高速有效地清除清洁对象表面附着物或表面涂层，从而达到洁净的工艺。

在我国文物保护法规要求越来越严格、人们环保和安全意识日益增强的今天，激光清洗去锈具有无研磨、非接触、无热效应和适用于各种材质的物体等清洗特点，被认为是有效、可靠的解决办法。同时，还可以解决采用其他传统清洗方式无法解决的问题。

脉冲式激光清洗的过程依赖于激光器所产生的光脉冲的特性，基于由高强度的光束、短脉冲激光及污染层之间的相互作用所导致的光物理反应。激光器发射的光束被需处理表面上的污染层所吸收。大能量的吸收形成粒子的热膨胀、分子的光化解，并产生冲击波。冲击波使污染物变成碎片并被剔除。

与机械剔除、化学清洗、液体固体强力冲击、高频超声去除法等传统清洗方法相比，激光清洗设备具有明显的优点。（图 23、24）

①**绿色清洗**：激光清洗是一种“绿色”的清洗方法，不使用任何化学药剂和清洗液，清洗后的废物为固体无害粉末，体积小，易于存放，可回收，可以彻底解决化学清洗带来的残留

与环境污染问题。

②无损伤清洗：传统的清洗方法往往是接触式清洗，对清洗物体表面有机械作用力，会损伤物体的表面或者清洗的介质附着于被清洗物体的表面，无法去除，产生二次污染。激光清洗的无研磨和非接触性使这些问题迎刃而解，清洗时非打磨与剔除，无接触，对基材无损伤。

③安全清洗：激光可以通过光纤传输，与机械手和机器人相配合，方便实现远距离操作，能清洗传统方法不易达到的部位，这在一些危险的场所使用可以确保人员的安全。

④精准清洗：激光清洗能够清除各种材料表面的各种类型的污染物，达到常规清洗无法达到的清洁度，还可以在不损伤材料表面的情况下有选择性地清洗材料表面的污染物。

⑤低成本清洗：激光清洗效率高，节省时间，设备运行时只消耗极少的电量。虽然购买激光清洗系统前期一次性投入较高，但清洗系统可以长期稳定使用，运行成本低。

利用激光清洗法，能够较好地解决鎏金层表面的铜锈和沉积物去除的问题。激光清洗后，具有以下特点：

a. 鎏金层表面平整，不会产生新的划痕。

b. 除锈效率更高，效果较好。

c. 不会存在化学试剂残留的问题。

鎏金层反光性极好，对激光的反射极高，很好地避免了激光对胎基的影响，又能精确快速地去除表面附着物，从而达到最小伤害的清洁目的。

2. 化学清洗与去锈

化学清洗与去锈是通过化合、分解、置换、复分解等化学反应将青铜器表面锈层去除。但是化学清洗本身带来的化学品残留物对文物造成二次侵蚀与污染的情况日益增多。随着现代文保研究的不断深入，文物保护修复界对于化学清洗去锈后的残留彻底清除问题变得日益重视与谨慎，这也成为是否选择化学清洗去锈方法的一个重要衡量因素。

我国传统的青铜器去锈方法大都采用天然的酸碱物质。有用酸梅或山楂果肉配制成果泥软膏，贴敷于锈层上，利用温和的天然果酸来逐渐分解与软化锈层后剔除。天然果酸酸度较弱，不会伤及器物皮壳，但去锈的速度较为缓慢。（图 25~29）

有用老陈醋或醋酸加清水浸泡的方法用来去除铜质较好、锈色把铜器包住的锈蚀青铜器。修复人员用此法时为了保留部分绿锈，还用一斤蜂蜡，加三两松香、一两植物油，捏成蜡泥，按在发锈及绿、蓝锈上，起到保护作用。

在传统修复中使用化学方法为青铜器去锈的药剂，基本都采用酸性较弱、结构稳定、不伤害青铜基体、无残留、具有可逆性的天然化学药剂。（图 30、31）

现代化学去锈方法主要是将一种或多种化学试剂混合用于青铜器的清洗中。这些化学试剂主要有碱性甘油、碱性罗歇尔式盐、多磷酸盐、

图 30　修复前的唐青铜净瓶。

图 31　利用天然果酸分解与软化并剔除表面附着物的唐青铜净瓶。

图 25~29　采用稀释醋酸浸泡的方法去除西周晚期窃曲纹簋的表面锈层。

图 32、33 用有机弱酸去除西周龙纹簋表面锈层。

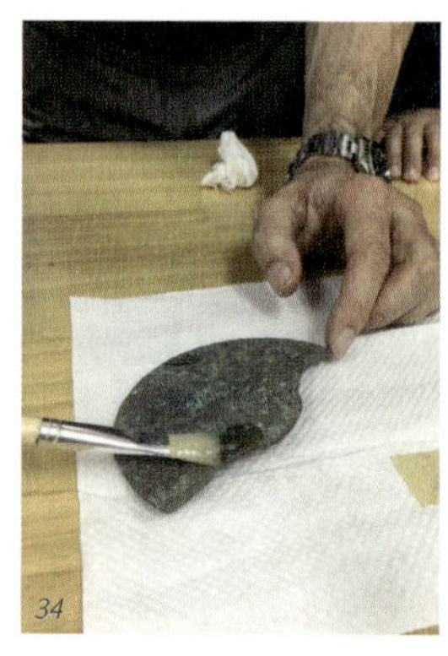

图 34、35 采用弱酸凝胶局部贴敷去锈。

柠檬酸、EDTA、六偏磷酸钠、稀氢氧化钠溶液和稀硫酸等。

现代化学清洗与去锈中经常使用的方法有以下 6 种。

(1) 去离子水法

对于一般青铜器的清洗可采用 40℃ ~60℃ 的去离子水或蒸馏水反复多次漂洗腐蚀的青铜器，这样可以洗去氯离子而不会改变青铜器的绿锈。

(2) 柠檬酸溶液

柠檬酸属于有机弱酸，易溶于水、乙醇和乙醚。用 5%~10% 柠檬酸、5%~10% 氢氧化铵、碱性酒石酸钾钠，直接将青铜器置于除锈液中浸泡，这样能相当缓慢地溶解氧化铜，对金属作用甚小；也可以用脱脂棉蘸除锈液，再敷于生锈的部位，这样能防止在浸泡、洗刷过程中使铜器受损害。图 32、33 为采用弱酸去除表面锈层的西周龙纹簋。对于只需要局部去锈清洗的青铜器，可以采用弱酸凝胶局部贴敷的方法。（图 34、35）

(3) 倍半碳酸钠溶液

用倍半碳酸钠溶液浸泡腐蚀青铜器，亦称碱浴浸泡法。碳酸钠和碳酸氢钠以等摩尔数混合后，配制成碳酸氢三钠溶液，将含氯化物的青铜器浸入 5% 左右的系列溶液中浸泡，浸泡时最好加热到 40℃ 左右，以置换腐蚀层中氯化物除锈。该方法的机理是：用此溶液浸泡青铜器时，有害锈（氯化亚铜）逐渐转换为稳定的碳酸铜。这是一种安全、方便的处理方法，被广泛采用，缺点是费时，需要数月甚至数年时间方能完成一件铜器的清洗。因为青铜器表面腐蚀层受许多因素的影响，是一个由扩散控制的动力学过程。氯化物不仅附在表面，有的还在器物锈蚀层深部，并不能彻底将其置换出来。这种方法对保存绿色的铜锈有利，同时青铜器表层会新生成孔雀石样的腐蚀层，色彩均匀艳丽，从而使人产生原貌已改变的感觉。

(4) 六偏磷酸钠溶液

用六偏磷酸钠溶液除去青铜器表面的钙质沉积物，一般用 5% 六偏磷酸钠溶液浸泡，但速度很慢。对于钙质沉积物很厚的器物，用 15% 六偏磷酸钠溶液浸泡，并对浸泡溶液进行加热，即能增快清除的速度。

(5) 过氧化氢法

用过氧化氢作为氧化剂将氯离子氧化除去，所用的浓度视锈蚀情况而定，剩余的过氧化氢稍为加热即可全部分解，对器物不会产生任何影响。本法与倍半碳酸钠浸泡法比较，处理的时间短，除去氯离子比较彻底；与局部电蚀法、氧化银封闭法比较，过氧化氢法对面积大小不同的粉状锈、深浅不同的粉状锈都可清除，使用面宽而且处理比较简便。

(6) 电化学方法

青铜器的腐蚀是一种电化学反应，因而可以利用电化学的方法使其还原。有时器物不能或没有必要进行全面去锈时，而只需做些局部处理就可以了。用电化学还原法进行局部去锈时，电解质溶液可为 10% 氢氧化钠溶液，还原金属则用锌粉或铝粉。操作方法是：先把锌粉或铝粉与电解质溶液调成糊状，立即将糊浆敷于铜器上要除铜锈的部位；待反应结束后，立即用棉花抹去，接着用蒸馏水反复冲擦干净，去除残余药剂。如果操作一次尚未达到除锈的目的，可再反复处理几次。（图 36）

图 36　清代鎏金青铜器表面清洗前后。

二 青铜器的缓蚀处理

青铜器在保存的过程中，会受到空气中酸性气体、氧化性气体的进一步腐蚀。尤其在潮湿、含有氯离子的酸性气体条件下，甚至会有粉状锈生长的危害。因此，青铜类文物的缓蚀处理非常有必要。器物表面缓蚀层要求结构致密，与铜本体结合紧密，才能够有效去除氯离子；同时不改变文物外观，缓蚀效果长期有效。目前，苯骈三氮唑（BTA）法系国内外普遍采用的用来保护铜及铜合金常用的、有效的青铜缓蚀剂。

BTA 是杂环化合物，呈白色或奶白色的粉末结晶，能溶于乙醇、苯等有机溶剂。1967 年，英国人 Madson 首次发表了他将 BTA 用于青铜器保护处理的研究结果，效果良好，至今仍为最受欢迎的方法之一。

关于 BTA 抑制铜腐蚀的机理主要有两种，即吸附理论和成膜理论。吸附理论认为，BTA 吸附于铜器表面后，改变了金属与溶液的界面结构，并使阳极反应的活化能显著升高，从而降低了铜本身的反应能力。而成膜理论认为，它可与铜和铜合金形成不溶于水和许多有机溶剂的透明覆盖膜，从而起到保护作用。这种膜覆盖性能良好，紧贴在金属的外部，把金属表面与腐蚀介质隔开，使金属的溶解或离子化程度大大降低，起到了保护金属的作用。锈蚀的青铜器经 BTA 保护处理后，可防止氧化物、卤素化合物和其他腐蚀性气体的侵袭，“青铜病”即被抑制而稳定下来。

1988 年，印度学者 Ganorkar 发现 AMT 对铜表面的处理性能优于 BTA。1996 年，西班牙的学者 E.OTERO 利用 AMT 对 18 和 19 世纪的铜器进行处理，证实 AMT 能有效地去除铜器上的腐蚀产物，并对文物起到保护作用。不仅如此，AMT 能抑制铜在 3.5%NaCl 溶液中的腐蚀。AMT 是五元杂环化合物，常温下为浅黄色针状晶体。与传统的处理方式相比，AMT 用于青铜文物保护处理具有其独特的优势。

现在 BTA 和 AMT 是目前青铜器保护中常用的缓蚀剂，但 BTA 及 AMT 试剂均存在各自的局限性，仍有许多工作有待深入研究。探寻一种可广泛推广使用的高效青铜缓蚀剂仍需要广大文物工作者不断努力。

三 青铜器的封护处理

封护处理一般是对于去除了有害锈的青铜文物进行保护过程中的最后步骤。中国传统的青铜器封护处理方法中最常见的案例就是将有病害的青铜器制作成“熟坑”。（图 37~39）

“熟坑”是传统金石收藏界的专业术语，是相对“生坑”而言的。“生坑”是指出土未经去锈处理过的“原生态”青铜器。为了抑制和防止被腐蚀的青铜器再生锈变质，也为了使其更加美观，古人将“生坑”青铜器洗净除去铜锈后，加热并反复涂以蜂蜡、石蜡封护。经过封护处理的“熟坑”青铜器表层呈沉稳的褐色，具有欧洲古典绘画的色调，但底层依然可以保持丰富的色泽。整器油脂感强，光亮耀眼，锈层在蜡层的封护下与氧气和水隔绝，呈现一种非常稳定的状态。“熟坑”的制作技术盛行于宋代，并一直沿用至今。中国绝大部分传世青铜器都经过“熟坑”封护处理，呈现古朴多变的美感。

西方国家对封护材料的使用有着悠久的历史，在合成聚合物和合成蜡出现以前，早期欧洲修复工作者所使用的封护材料主要是蜡、油、天然树脂。随着科学技术的发展，不少高分子材料被应用于青铜器保护中，其中 Paraloid B-72 的应用最为广泛。它是甲基丙烯酸乙酯和甲基丙烯酸甲酯的合聚物，本身透明性极好，对文物没有损害。采用 Paraloid

图 37 收藏于美国弗利尔博物馆的“熟坑”——春秋“子作弄鸟”尊。

38

39

图 38、39 清宫旧藏的西周周宜壶，表面经过“熟坑”处理。

B-72 封护青铜器，操作简单方便，并且它能克服 BTA 作为金属封护剂时产生的容易升华、老化和化白现象。（图 40~42）

目前，青铜文物常用的封护材料主要还有 Acryloid B-72、Incarlac、Ormocer A、聚乙烯蜡、巴西棕榈蜡、微晶石蜡和 Cosmolloid 80H 等。一些合成蜡或混合蜡也是室外青铜器最普遍的表面封护材料。

近年来，混合纳米颗粒的复合封护材料在国外使用有很多成功的保护实例。随着青铜保护修复技术的发展和国外大量新材料、新方法的不断引进，会有更多更为安全有效、适合我国青铜器保护修复封护剂的研究。

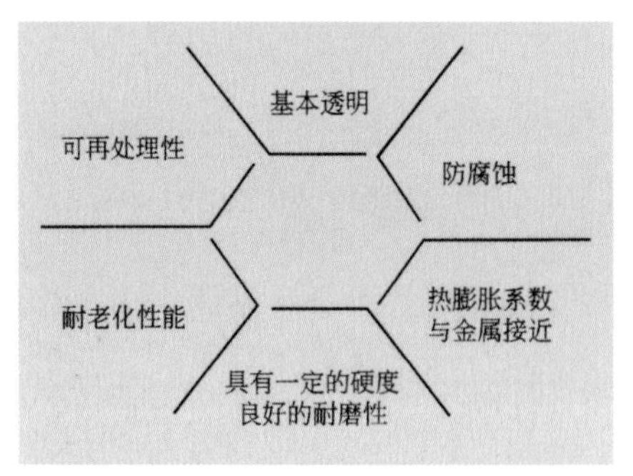

图 40　封护材料的基本性能。

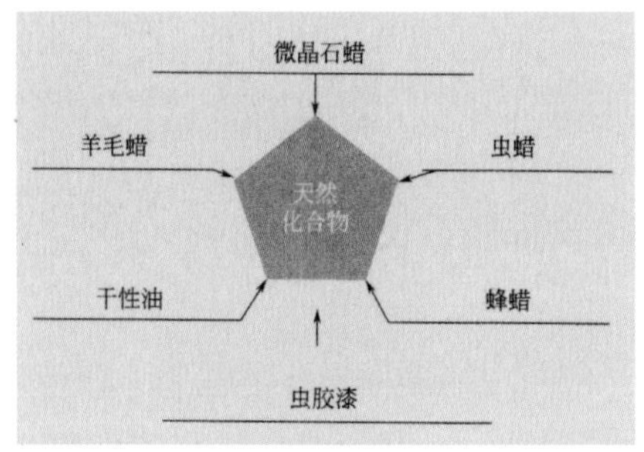

图 41　主要的天然封护材料。

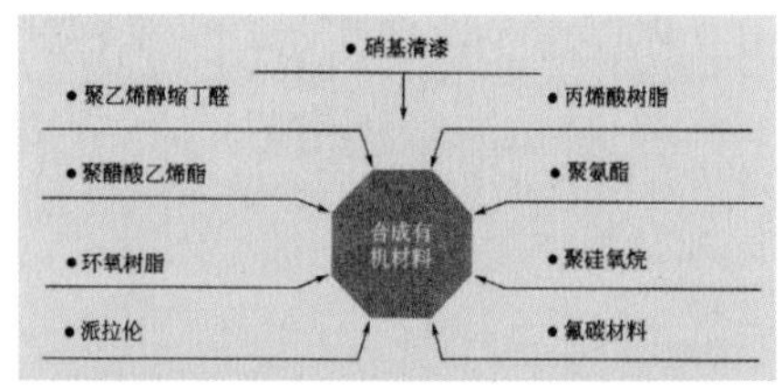

图 42　主要人工合成封护材料。

图 43　山西春秋晋卿赵氏大墓出土现场。

四　青铜器的矫形

存世的中国古代青铜器基本以墓葬、窖藏等出土文物为主，青铜器在埋葬过程中受到外部环境震动、挤压等干扰，产生物理变形的现象非常普遍（图 43）。因此，青铜器矫形是中国传统青铜器修复技术的一个重要步骤，也是青铜文物修复人员必须掌握的一项技术。

国外在青铜器修复中很少采用矫形的方法，对于变形的青铜器物他们更擅于制作外部支架辅助连接，用来支撑和展示。因此外文资料中对器物的具体整形技术也少有提及。关于古物保存方面的专著《古物及艺术品的保存方法》（*The conservation of antiquities and work of art*）一书中简单提及了对被挤压铜器的处理，认为可以通过适当的加热和冷水浸淬来使铜器软化，从器物的主体部分入手，设法恢复它的原形，并将对器物的振动减少到最低。

我国青铜器传统修复技术中的矫形技术发展至今，已有一套比较成熟的方法。通用的方法包括锤鍱法、模压法、抬压法、加温法、锯解法等。虽然方法不同，但主要还是利用青铜金属残存的物理延展性，通过青铜器变形局部施加锤鍱、模压、抬压等外应力并配合加温，使器物逐渐恢复原位。很多修复师还特意制作了专门用来为青铜器矫形的工具与设备（图 44、45），通过多点施压，缓慢释放变形应力，来达到矫形的目的。不过青铜器变形情况比较复杂，并不是所有变形青铜器都可以接受矫形，也不是所有可以矫形的青铜器都可以完全恢复原形。矫形的恢复程度，完全取决于青铜器本身变形程度、青铜合金成分、壁厚以及腐蚀情况等等。图 46、47 为通过物理矫形的商中期弦纹斝，图 48、49 为通过加温物理矫形的西周窃曲纹簋。

青铜器矫形的原则是不能因为矫形修复而造成青铜器的二次损坏。有些早期"粗暴"的矫形方法（例如锯解法）使用过人工物理分解的手段对青铜器进行"拆解重组"后达到矫形目的。其在实施过程中会对文物造成人为的二次伤害，不仅破坏了文物本身，而且也因"锯解"使得文物在"修复后"也无法获得真正原始的数据信息。这与当今文物保护修复理念与原则相违背，必须全面禁止。

图 46　因埋葬环境挤压造成商中期弦纹斝口沿部分变形。

图 47　通过物理矫形后口沿基本恢复原状商中期弦纹斝。

图 48　受到挤压后变形破损的西周晚期窃曲纹簋。

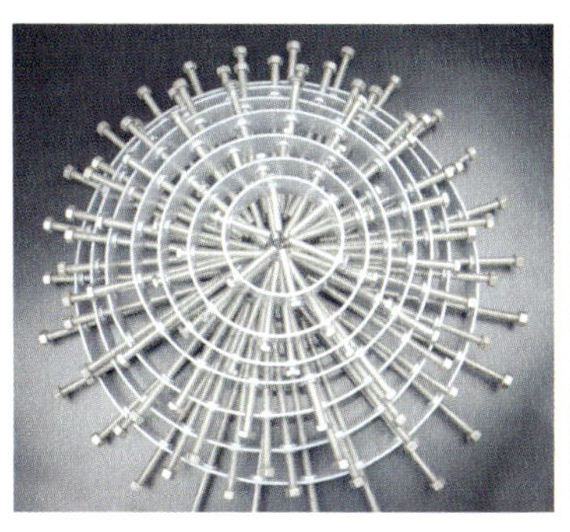

图 44　物理整形器。

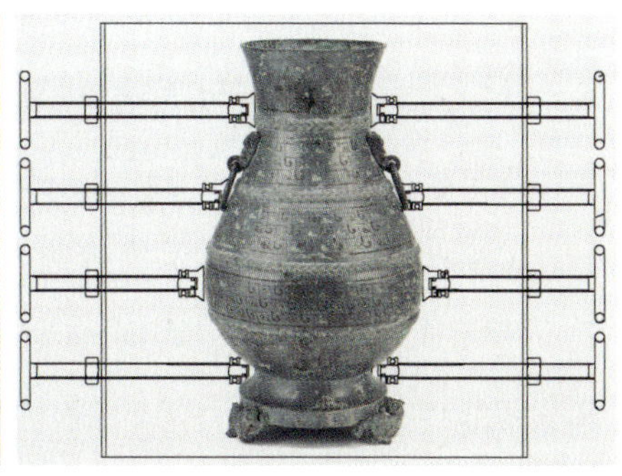

图 45　物理矫形器示意图。

图 49　通过物理矫形复原后的西周晚期窃曲纹簋。

五　青铜器的拼接

图 50　采用传统低温钎焊方法焊接连接的西周青铜甗。

拼接是所有文物修复中都会遇到的重要工序，是文物修复师必须掌握的基本功之一，也是影响后期配缺、作色效果的最重要工序。修复中拼接最重要的是平整、顺畅、牢固、抗老化。平整是指拼接的碎片间要平正整齐，任何拼接中的错位与落差都会对后续工序带来成倍的工作量；顺畅是指多块碎片间拼接弧度要求自然过渡，顺利流畅；牢固是指通过拼接后成型的器物需要承受一定的坚固程度，包括能够承受一定的自重压力以及外界干扰力。抗老化是指修复中使用的拼接材料与工艺有利于提高修复后青铜器的保存寿命与耐用性。

青铜器修复的拼接方法主要有焊接、粘接、辅助连接。

（一）焊接

焊接是我国青铜器传统修复技术中的一项技术，它是拼接破碎青铜器最古老、也是最有效的方法之一。现代焊接的种类和方法有数十种之多，已然是一门学科。古代青铜器修复中主要以低温钎焊为主。钎焊是利用液态钎料在母材表面润湿、铺展以及在母材间隙中润湿、毛细流动、填缝，与母材相互溶解和扩散而实现配件间的连接。

低温钎焊的优点是设备简单，操作方便，抗拉力和剪力效果明显；但焊接工艺操作的本身也存在缺点。首先，传统的低温钎焊工艺使用的工具为大功率的电烙铁，焊料选用纯锡、铅锡合金、锡银合金等材料。电烙铁在焊接时峰值温度可以达到 300 摄氏度以上，高温会使焊缝周边区域的青铜器表面含有碱式碳酸铜的绿色氧化层颜色变深甚至变黑，造成不可逆的影响。图 50 为采用传统钎焊拼接的西周青铜甗。

其次，传统的低温焊接操作时必须采用助焊剂，传统助焊剂多采用氯化锌溶液，由氯化锌溶液由盐酸加锌反应生成。由于助焊剂含有氯化物，会对青铜器基体造成污染，焊接后无法彻底清除的氯化锌残留物，会对器物造成腐蚀以及诱发“青铜病”的隐患。上海博物馆文物保护科技中心曾与上海交通大学研制了一种新型无氯钎剂和含银钎料匹配进行青铜器修复。新型无氯钎剂、钎料有良好的工艺性、抗腐蚀性，并可获得高强度的钎缝。图 51 为采用新型无氯钎剂、钎料修复的战国青铜镜，焊缝处钎料数年后依然无明显氧化痕迹。

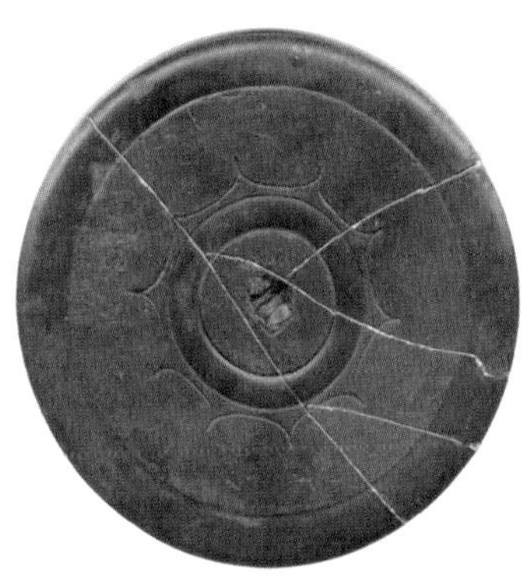

图 51　采用新型无氯钎剂和含银钎料焊接连接的战国铜镜。

最后，钎焊是利用液态钎料填充母材间隙而实现零件间的连接的，因此在焊接操作时必须暴露母材的基体，也就是说必须将待焊接青铜器的焊接面完全打磨清理后才能进行焊接步骤。打磨器物焊接面是对器物不可逆的耗损行为，况且焊接法拼接的青铜器并非一劳永逸，年久老化后仍然会出现脱焊，若多次反复焊接、打磨将会对器物造成更大的损坏。

由此可见，焊接这个古老的修复技艺对于青铜器的保存带来诸多隐患，将在现代科学文物保护修复发展过程中被逐渐淘汰。

（二）粘接

粘接是目前器物类文物修复中应用最普遍的方法。对破碎青铜器的修复一般也是以粘接的形式为主。早期粘接材料主要使用天然或合成的胶黏剂，由于强度、固化速度、抗老化性都没有达到预期的要求，因此粘接一般是作为焊接的辅助方法。随着粘接材料的性能不断优化、抗老化程度不断提到、可逆性的增强，使得越来越多的环氧树脂、硝基纤维素、氰基丙烯酸酯胶、丙烯酸树脂、Araldite 系列等现代粘接材料

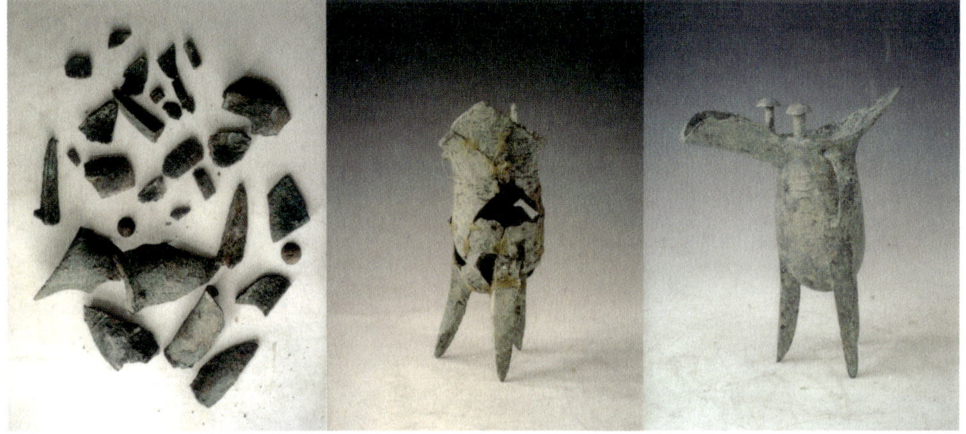

图 52　通过粘接方法修复的西周青铜爵。

图 53　破碎成数十片的汉鎏金蟠龙器座。

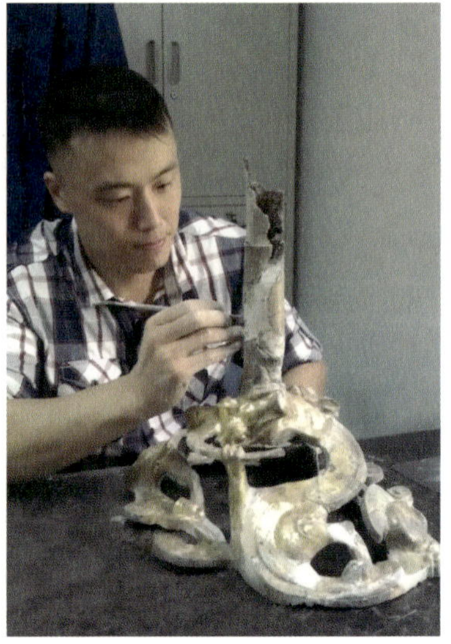

图 54　由于青铜基体脱胎严重，采用粘接方法修复。

图 55、56　通过粘接方法修复后的汉鎏金蟠龙器座。

在不同的青铜器修复中得以应用并发挥优势，逐渐取代了传统的焊接方法。（图 52~56）

（三）辅助连接

辅助连接是一种完全不对青铜器主体进行“修复干扰”的复原形式，不用粘接和焊接，仅借助于特制的外部设施与结构，用以支撑和还原文物原来的面貌。上海博物馆收藏的一件上海青浦出土的春秋晚期镶嵌棘刺纹尊，出土时圈足残缺，这件青铜器并没有采用传统完美型修复方法，而是采用配合残缺部分的木质圈足加以支撑展示（图 57）。而另一件甬部残缺的春秋变形兽面纹钲也因为在没有依据不盲目复原的原则下，采用外部支撑展示的方式，使得修复对文物的干预性降到最低（图 58）。这种辅助连接的方法在西方国家的一些收藏机构应用比较普遍，一般是按照器物的形状制作展示台和支架，将破碎器物拼接后通过支架固定拼接起来，器物碎片间不用任何黏结剂，有些仅将碎片用一些透明胶带连接。图 59 为在不使用任何粘接的情况下，通过外部环状框架固定破碎为 4 片的铜镜。

57

58

59-1

59-2

图 57　上海青浦出土的春秋晚期镶嵌棘刺纹尊。
图 58　上海博物馆收藏的春秋变形兽面纹钲。
图 59　在不使用任何粘接的情况下，通过外部环状框架固定破碎为 4 片的战国三山铜镜。

图 60　后配臆造双耳的春秋镶嵌红铜盘龙纹壶。

辅助连接的修复方式是对文物主体的干预性最小，更完整地保留文物原始信息原有的时代修复痕迹，无损可拆卸的装配方式，达到最大程度的可逆性，轻松还原器物原貌。补缺部分与原件的可辨识性，既还原了器物原本的形制与功能要求，又保留了文物现状，为文物修复意义的推广与普及提供有力的案例。

在实际修复中，由于器物病害的复杂性，采用的方法往往是灵活的，修复师在遵循修复铜器规律的同时根据需要可采用粘、机械加固结合的方法。这些都是我国传统青铜器修复技术具备灵活性的体现。

六　青铜器的补配

补配是文物修复技术中复原残缺部位的重要工序。补缺是要在掌握了充足的配缺依据的前提下进行，不可为了追求器物的完美而盲目地臆造配缺。图 60 为后配双耳的春秋镶嵌红铜盘龙纹

图 61　上海博物馆藏山西浑源李峪村出土的牺尊。

图 62　上海博物馆藏山西浑源李峪村出土的鸟兽龙纹壶。

壶，双耳皆为臆造，这种为了追求完整性而在没有依据的情况下臆造修复，违背了文物修复的基本原则。

上海博物馆收藏的山西浑源李峪村出土的两件著名青铜器——牺尊（图 61），入藏时残缺了尾部与盖。另一件鸟兽龙纹壶（图 62），同样缺失双耳。目前在没有充足的配缺依据的前提下，暂不修复，保持残缺的原状，为后期研究工作保留原始的资料。国内外青铜器配缺技术方法与补配材料大同小异。国外常用的补配材料主要有石膏、蜡、丙烯酸树脂、环氧树脂，以及种镓 - 铜低温合金等等。

根据器物种类、形状、壁厚、残缺部位的不同情况，我国目前青铜器修复的配补技术主要采用“旧铜补配”“铸配”“铜皮配缺”“替代材料补配”“3D 打印补配”等工艺。

（一）旧铜补配

旧铜补配是传统青铜器修复中最早使用的补缺方法之一。其多半是利用破损旧铜器的残片进行切割，用来修复补缺有价值的青铜器。

图 63　利用素面青铜器盖结合铸造补配纹饰，用作失盖的西周窃曲纹簋的补配器盖。

利用“旧铜补配”的器物基体成分与氧化物锈色浑然一体，即便科技检测也很难分辨残缺。但“旧铜”本身是不可再生资源，“以旧补旧”的方法实则是对文物的破坏。图 63 为利用素面青铜器盖结合铸造补配纹饰，用作失盖的西周窃曲纹簋的补配器盖。

64-1

64-2

64-3

图 64　采用相同配比的青铜合金铸造补缺的西周晋侯盨。

（二）铸造补配

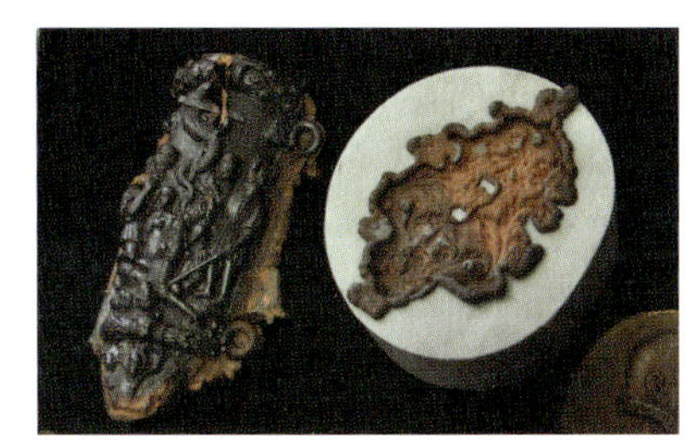

图 65　德国德莱斯顿博物馆采用铅锡材质铸造补缺用的欧洲兵器配件。

铸造补配法，是一种通过铸造的方法制作器物缺损部分，用来修复缺损的器物部位的一种工艺。“铸配”可以根据实际情况采用和器物相同的雕刻技艺，相同或不同的合金配比，以达到配缺修复的最佳效果。采用相同配比的青铜合金铸造补缺的西周晋候盨（图 64）。采用低温铅锡材质铸造补缺用的欧洲兵器配件（图 65）。运用失蜡法铸造补配修复的西周垂鳞纹盘（图 66）。铸造补配技术难度大，对修复师技术有要求，修复周期较长。

（三）铜皮补配

铜皮补配是事先选择与器物预配处相应的铜皮，利用铜皮的可塑性，运用反复加热、捶打技术，使铜皮产生塑形形变，直到与所需形状吻合，然后再錾刻纹饰的一种工艺。使用工具、

图 66　运用失蜡法铸造补配修复的大面积缺损的西周垂鳞纹盘。

图 67　运用加热捶打铜皮的技术补配修复的商晚期青铜觚。

材料主要有手锤、圆锤、铁剪刀、喷灯、电磨机、锉刀、铜皮等。设备简单，容易上手，但对于修复师的锻打与錾刻的技术要求较高。（图 67）

（四）替代材料补配

替代材料补配是利用其他非青铜材质进行补缺，包括石膏、树脂、黄金等。随着现代科学文物保护修复理念的普及，对文物修复材料和方法的可逆性逐渐成为文物修复的原则性条件。“替代材料”本身具有良好的稳定性和可逆性，可以随时去除，是现代文物保护修复较为理想的材料。（图 68~71）

68

69

70

71

图 68~71　通过环氧树脂粘接修复吴中地区出土的春秋交龙纹缶，器物缺损部分同样采用树脂制作，保证了修复后的器物具有足够的强度与良好的可逆性。

（五）3D打印补配

3D 打印补缺是现代增材制造技术在文物修复上的应用。3D 打印，也称作快速成型技术 (Rapid prototype)，它是基于材料累加原理的快速成型方法，将数据化的三维模型通过分层添加材料来创造出实物的一种叠层制造技术。[6]20 世纪 80 年代后期，3D 打印机的横空出世，开启了增材制造新时代。随着 3D 打印技术与材料的不断发展与普及，越来越多的博物馆和文物修复师尝试将 3D 打印技术融入到传统的文物修复与复制中去，从文物信息的采集到文物实体的修复复制，从文物三维数据库的建立到文物仿真衍生品的制作。3D 扫描的非接触式采集文物信息的特点，杜绝了传统接触式采集复制文物信息而带来的二次损害风险。3D 打印输出的同时也将修复过程与步骤进行了数字化记录与储存，为日后研究工作提供了准确的数据。随着 3D 打印精度与效率不断提升、打印材料不断推陈出新，3D 打印早已从单一输出树脂材料发展为多材质复合输出的方式，其中以金属增材为主的金属 3D 打印技术的应用，使得传统青铜文物修复技艺得到了更为科学有效的发展。图 72~74 为通过 3D 打印复制的清代银印。

图 72　通过 3D 扫描得到银印的数字模型。

图 73　通过 3D 打印输出的银印模型。

图 74-1　通过 3D 扫描得到银印的数字模型。

图 74-2　通过 3D 打印输出的银印模型。

七　青铜器的模具制作

在修复与复制青铜器的过程中，修复师会使用到大量的模具。随着材料与技术的革新，中国青铜器修复使用的模具材质也从早期的陶质、石质、木质发展到石膏模、硅橡胶模等，并逐渐由传统的接触式翻模向更确保文物安全的非接触式的方式发展。目前一般使用到的模具有刚性模具和柔性模具之分。下面是目前青铜器修复中最常使用到的模具种类与材质。

[6] 卢秉恒、李涤尘：《增材制造 (3D 打印) 技术发展》，《机械制造与自动化》，2013 年。

（一）石膏模具

天然石膏是硫酸钙与水的化合物，被称为二水石膏，即生石膏。天然石膏必须经过粉碎和炒制两大工序，由生石膏加热到 107~170 摄氏度失水加工磨细而成，形成半水石膏（又称熟石膏）。模型制作使用的石膏是熟石膏，根据制作条件的不同，可获得 α 型半水石膏（高强度石膏）或 β 型半石膏（模型石膏）[7]。石膏的结晶形态是影响其制品强度的关键因素。

石膏模具在欧洲使用由来已久。创立于 1819 年的柏林 Gipsformerei 博物馆雕像复制品工作坊是目前世界上最大的收藏和制作原始藏品的石膏复刻件与模具的博物馆。它收藏了超过 7000 种来自世界上各个时代和文化的原始艺术作品的石膏复刻件。其中有大约 500 件非常有价值的石膏复刻品，它们的原始作品现在都已经遗失了。博物馆已然变成了“虚拟的世界博物馆”。Gipsformerei 成为一个在传统文化和历史记录方面都有着非常重要地位的博物馆，其中石膏模具的制作与保存起到了至关重要的作用。（图 75~78）

中国使用石膏的历史也颇为久远。根据《新唐书地理志》记载，

[7] 姜忻良、郭春阳、姜南等:《新型石膏混凝土墙板简化模型及结构抗震分析》,《特种结构》, 2017 年第 2 期

图 75~78 Gipsformerei 博物馆雕像复制品工作坊的收藏。

湖北房县、山西汾阳、甘肃敦煌在唐代就开采使用过石膏。根据唐英的《陶冶图说》[8] 中记载，石膏模具制作在清朝乾隆年间已经发展成为一门专门的行业。[9] 随着海外石膏模具技术的进一步传入，清末创立的江西景德镇中国陶业学堂首先采用石膏模具用于陶瓷注浆成型和模印，取代了之前使用的陶模与木模。至 1937 年，石膏模具已开始在景德镇推广使用，当时主要用于小品种器皿的模印和注浆成型。另外在 20 世纪 30 年代期间，有不少留法学习艺术的归国人士也将石膏模型带入中国早期的美术院校，开启了石膏模型融入艺术品制作与复制的先河。

模型石膏属于刚性模具，其比容大，水膏比大，胶凝后气孔率高。用其制造的模具，有吸水率高、易于切削雕刻加工的优点，但模具强度相对较低，抗压性差。而高强度石膏为致密的短柱状晶体，比容小，水膏比小，胶凝后强度高。用高强度石膏制造的模具质地精密，强度高，使用寿命长，但不便于在石膏的切削、雕刻等后期加工。

当模型石膏与水混合后，发生水化反应，其中的半水石膏分子重新结合为二水石膏，并释放热量，近 20% 的水进入新的分子中，多余水分被蒸发，留有空隙形成小孔，总体积有微膨胀，膨胀率为 0.5%~1%。短时间内可达到较高的强度，石膏的水化凝结膨胀特性，使它具有充满任何微细空间的能力。因此石膏模具是传统青铜器修复与复制中使用最多的传统模型和模具材料。

在青铜器修复的翻模过程中，复杂精巧的分块模无疑是最体现修复师高超的模具制作技艺的。分块模又称石膏分型模具，主要是指在布满纹饰的不规则的器物上，根据器物形体的起伏与角度，合理设计分型面。运用镶块、滑块、抽芯等分型方法可以使硬质石膏外模更容易活取脱模，形成既可拆散、又能组

[8] 清乾隆时期，宫廷画师孙祜、周鲲、丁观鹏以自己熟悉的山水为背景，配以景德镇一带的窑舍和劳作的工匠，绘制陶冶图 20 幅，记录了清乾隆官窑制瓷的详尽工艺。乾隆八年（1743），朝廷造办处命唐英按制瓷顺序编排，并撰写说明。当年五月，唐英即以左图右文的形式编成《陶冶图说》。这是中国古文献中第一本完整记录景德镇制瓷工艺的专著，青花的制瓷工艺是其中的主要内容。

[9] 张浦生、霍华：《天下收藏系列之青花瓷鉴定》。印刷工业出版社，2012 年 6 月，第 9 页。

装的石膏模具。器型越复杂，对模型的分型要求越高。操作人员需熟悉和掌握石膏的特性，反复练习，就可以灵活使用，变化无穷。（图 79~83 为上海博物馆研究员青铜器修复专家黄仁生老师在演示石膏模具的分模方法）

79-1

79-2

图 79　商晚期兽面纹觚的分型石膏模具。

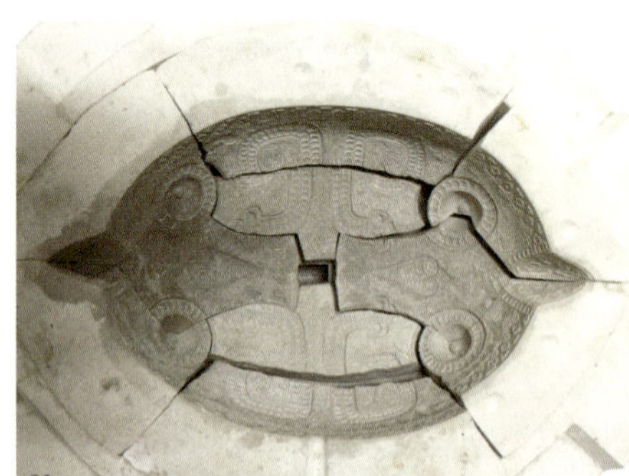

80

82

81-1

81-2

83

图 80~83　上海博物馆研究员青铜器修复专家黄仁生老师在演示石膏模具的分模方法。

（二）热塑模具

热塑模具最初应用于医用齿科的模型制作，具有快速安全、无毒无害、可逆性强、价格低廉等特点。[10] 20 世纪 60 年代上海博物馆青铜器修复师黄仁生先生最早将牙科用红白打样膏应用于青铜器修复与复制的翻模中，其后在国内文物修复界得以推广。打样膏是一种用于牙齿粗翻模的材料，主要成分为萜二烯树脂、滑石粉、锌钡粉等。在常温下打样膏硬而脆，但在 80 摄氏度左右软化后便可随意塑形和压模，待恢复坚硬常温状态后便可脱模。随着热塑模具材料的发展，由几种不同的蜡混合的热塑牙科蜡以其更为优质的性能逐渐取代了打样胶。总之，由于热塑模具的热塑特性，模具的质量优劣完全取决于使用人员操作的力度与分块结构的合理性，因而需要使用者对热塑材料的性能有着较熟练的掌握。

[10] 曹善志、王兴祖：《胶结剂的用量对藻酸钠弹性印模材料物理性能的影响》，《口腔医学》官网 https://xueshu.baidu.com/usercenter/paper/show?paperid=8915bfd4aa8556e2b6d3eea7df25c560&site=xueshu_se。

（三）硅橡胶模具

硅橡胶模具是快速模具制作里的一种最为简单的软性模具。模具硅胶一般由基胶、交联剂、催化剂、填料与添加剂五个组分构成，通常基胶、交联剂和填料被制成一个组分，而催化剂作为一个单独组分，故模具硅胶又被称作双组分硫化硅胶、RTV-2 室温固化硅胶。其硫化在室温下进行，主胶组分中加入适量（1%~5%）的催化剂（固化剂），两组化合物即可产生交联反应，形成有柔韧、有弹性的胶体。化学性质稳定，具有很好的弹性，耐高温，耐腐蚀，抗撕拉性强，脱模方便，有很好的分割性。硅橡胶的流动性比较好，在使用模具的时候，硅橡胶能够自动流满整个模具，复制性强，仿真精度高，能解决刚性模具无法解决或很难解决的一些关键技术。

硅橡胶模具可以按照硫化方式和化学结构进行分类。按照硫化温度，硅橡胶可分为高温硫化硅橡胶和室温硫化硅橡胶；从包装形式上

图 84、85　硅橡胶模具。

[11] 姚奇志、刘勇：《三维扫描仪在产品设计中的运用》，《中国科技信息》2010 年。

则可以分为单组分、双组分室温硫化硅橡胶。按照聚合度，硅橡胶还可以分为混炼型硅橡胶和液体硅橡胶。不同的硅橡胶具有不同的特性，它们的固化时间、硬度、收缩程度和耐高温程度也不尽相同，可根据青铜器修复中不同的步骤选择最为合适的硅橡胶模具材料。硅橡胶模具便于脱模的柔性特性也容易造成模具变形，因此在硅橡胶模具的外部增加石膏套模，可以有效地抗压和缩小变形的概率。（图 84、85）

（四）3D扫描打印模具

随着 3D 打印技术应用范围的不断发展与普及，越来越多的博物馆和文物修复师尝试将 3D 扫描与 3D 打印技术融入传统的文物修复与复制中去。

3D 扫描仪（3D scanner）是一种用于侦查并分析某立体结构物体的形状、构造等的科学检测仪器。[11] 其检测所得数据可用于该物体的三维重建，起初仅用于该物体的虚拟重建，随着 3D 打印机的逐步发展，也可将其用于该物体在现实生活中的重建，为此，3D 扫描仪也得到越来越广泛的应用。3D 扫描仪可以分为接触式和非接触式两种。人们最常使用的白光扫描、蓝光扫描等光栅扫描仪和点激光扫描、线激光扫描、面激光扫描等激光扫描仪均属于非接触式 3D 扫描仪的范畴。一般 3D 扫描仪综合精度在 0.02mm~0.04mm 这个范围内，已经可以基本满足平时青铜器修复的精度要求了。从文物信息的采集到文物实体的修复复制，从文物三维数据库的建立到文物仿真衍生品的制作，3D 扫描仪都有应用。3D 扫描的非接触式采集文物信息的特点，杜绝了传统接触式采集复制文物信息时带来的二次损害风险的隐患。

3D 打印是将数字化模具数据输出为实体的必要设备。随着输出成型材质不断的更新换代，3D 打印早已从单一打印树脂材料发展为多材质复合输出的方式直接打印输出模具，能以更为精准、安全、快速的方式复制和修复残损文物。将多材质 3D 打印逐渐融入传统文物修复方案的制定与实施中，使其可以适应多材质文物的不同需求，更快地提高传统文物的修复效率。

八 青铜器的作色

上色作旧是我国传统青铜文物修复与复制工艺中最后一道工序，也是传统完美型修复中必不可少的一项工艺。它要求修复者熟练掌握化学与颜料的色彩与肌理制作技巧，对前期已经修复补配好的部位加以修饰掩盖，施色作锈，使修补处与原器浑然一体，看不出破绽。明清文献中有不少专门记录青铜器作色的方法。

“其伪制法 ：铸出剔光磨净，或以刀刻纹理缺处，方用井花水调泥矾，浸一伏时，取起烘热，再浸再烘，三度为止，名作脚色。候干，以硇砂、胆矾、寒水石、硼砂、金丝矾各为末，以青盐水化，净笔蘸刷三两度，候一二日洗去，干又洗之。全在调停颜色，水洗工夫，须三五度方定。次掘一地坑，以炭火烧红令遍，将严醋泼下坑中，放铜器入内，仍以醋糟罨之，加土覆实。窖藏三日，取看，即生各色古斑，用蜡擦之。要色深者，用竹叶烧烟熏之。其点缀颜色，有寒煴二法，均用明乳香令人口嚼涩味去尽，方配白蜡溶和。其色青，以石青投入蜡内，绿用四支绿，红用朱砂，煴用蜡多，寒则乳蜡相半，以此调成作点缀。凸起颜色，其堆叠用卤锈针砂，其水银色，以水银砂锡涂抹鼎彝边角上，以法蜡，颜色罩盖，隐露些少，以愚隶家。用手揩摩，则香腥触鼻，洗不可脱。或做成入卤咸地内埋藏一二年者，似有古意。”（明高濂《新铸伪造》[12]）

“铸成后先以水银和法药熏染入骨，复以赤金制铄成泥，涂之，

[12] 高濂：《遵生八笺》十四：二八《论新铸伪造》，1591 年。

炽火炙逼，沁入炉身，其赤金色自浅淡以至深浓，次第熏染十有余次，然后金光灼目，宝色腾眸，所费不赀，岂民间单野铸所能仿佛其万一哉。凡宣炉，本色有三种，流金仙桃色，一也；秋葵花色，二也；栗壳色，三也。而仙桃色为最，秋葵花色次之，栗壳色则又次之耳。”（明项元汴《宣炉博论》[13]）

在实际运用传统方法修复青铜器时，有时会沿用“古法”对铸造配缺的青铜配件进行化学作色。方法很多，大致归纳为两个步骤。

第一步，咬旧。咬旧就是先化学生成青铜器最基础的氧化层。根据不同需求，生成采用不同的方法。一般采用铁容器配制硫化钠（$Na_2S·9H_2O$）混水溶液，加热煮沸后，将预处理好的青铜器浸没入溶液，加热 20 分钟。这时金属光泽的青铜器表面会呈现黑色，再放入清水中浸泡。使用硫化钾浸泡也能去除铜器金属光泽，呈现黑色氧化层。然后用棕刷刷掉器上的浮黑，如此反复多次，直到黑亮为止。最后再浸泡入酒精调配的硫酸铜（$CuSO_4·5H_2O$）与氯化氨（NH_4CL）溶液 24 小时，反复数次浸泡晾干，使得青铜器铸件表面呈现旧黄绿色。

第二步，作锈。将硝酸（HNO_3）调和细铜末制成的“铜泥”，蘸以氯化氨、硫酸铜、食盐等粗颗粒粉末，堆涂在器上需要做锈的位置，使其与青铜发生自然腐蚀反应；再将铸件埋于封闭的泥土之中，增加湿度，使其自然生成蓝、绿、红、土锈。

古代化学作色的方法有很多，但大多采用强酸强碱，甚至中药材浸泡与颜料做旧相结合，这是非常考验操作者用色技艺和经验的步骤，往往也是决定一件完美型修复作品的成败之举。但是，对于现代文保理念而言，作色又是最具争议的步骤。随着修复目的的改变，青铜文物修复传统工艺中的上色作锈的要求也发生了改变。现代文物保护修复理念提出修复应该对文物最小干预，以及尽可能做到修复可辨识性；在保证文物结构稳定的基础上，尽可能地不去添加人为的修补；尽可能多地保留原件及原有结构位置。修补部位所

[13] 项元汴：《宣炉博论》，明嘉靖。

采用的材料与工艺，应该做到“远看一致、近观有别”，要区分出原始与修补部分的区别，又不能因为这种区别反差过大而破坏整体艺术品的观赏性和完整性。这样既满足了陈列的需要，也便于日后的研究。

现今青铜器修复作色的技法和材料五花八门，无论是传统方法作色还是现代科技修复，在作色这个工序上主要可以归纳为化学作色与颜料作色。

（一）化学作色

修复青铜器残损补配的新铸铜块以及复仿制的新铜铸件大都可以先采用化学作色的方法自然生成致密氧化层，俗称“皮壳”。青铜器“皮壳”的颜色极其丰富，有灰黑色、枣皮红、白黄绿等等色彩，不同地区出土的青铜器“底子”色也截然不同。铜合金是所有金属中着色色彩最为丰富的金属，铜合金化学着色法是属于金属表面处理行业领域，是在着色化合物的作用下形成金属表面的氧化层或其他化合物膜层的一种方法。各地采用化学作色配方各异，效果也不尽一致，各有所长。要用化学方法做出新铸青铜配件的颜色，首先要配制正确的青铜配方；其次对青铜铸件表面的光洁程度有苛刻的要求，直接影响到着色后颜色的均匀自然；着色化合物的

图 86、87　采用两种不同的化学着色配方浸泡制作的商晚期猪卣复制品，不同配方呈现皮壳和锈蚀不同的氧化层效果。

表 1　青铜合金的部分化学着色配方与工艺

颜色	编号	溶液配方		工艺条件		备注
		成分	含量/g(L)	温度/°C	时间/min	
黑色	1	硫酸铜($CuSO_4\cdot 5H_2O$) 氨水($NH_3\cdot H_2O$),28%	25 少量	80~90	数分钟	若加入氢氧化钾(KOH)16g/L,可在室温下着色
	2	碱式碳酸铜[$CuCO_3\cdot Cu(OH)_2\cdot H_2O$] 氨水($NH_3\cdot H_2O$),28%	400 0.35	80	数分钟	浸渍着色膜为蓝黑色,再在2.5%氢氧化钠溶液中固色
	3	碱式碳酸铜[$CuCO_3\cdot Cu(OH)_2\cdot H_2O$] 氨水($NH_3\cdot H_2O$),25%~28% 双氧水($H_2O_2$),30%	200 1 0.1	室温	10~15	本工艺适用于 ZCuZn38、ZCuZn40Pb2铜合金
	4	[A]碱式碳酸铜[$CuCO_3\cdot Cu(OH)_2\cdot H_2O$] 氨水($NH_3\cdot H_2O$),28% [B]氢氧化钠(NaOH)	饱和液 少量 16	室温		先在A液中着成蓝黑室温色,水洗后再浸B液,直至成黑色
绿色	1	硫代硫酸钠(Na2S2O3·5H2O) 硫酸镍铵[NiSO4·(NH4)2SO4·6H2O]	55~60 55~60	60~70	数分钟	色泽呈现橄榄绿或古绿色
	2	碱式碳酸铜[$CuCO_3\cdot Cu(OH)_2\cdot H_2O$] 碳酸钠($Na_2CO_3$) 氨水($NH_3\cdot H_2O$),28%	250 250 0.25	30~40	数分钟	古绿色
	3	[A]硫酸铜($CuSO_4\cdot 5H_2O$) [B] 硫酸铜($CuSO_4\cdot 5H_2O$) 酒石酸钾钠($NaKC_4H_4O_6$) 碳酸铵[(NH_4)2CO_3) 氯化铵(NH_4Cl)	<300 130 27 100~250 53 50~250	室温		先浸涂 A液,再将B液,形成铜绿,在室温下干燥
	4	氯化钠(NaCl) 氨水(NH3·H_2O),28% 氯化铵(NH_4Cl)	125 0.1 125	室温	1440	
	5	硫酸铜($CuSO_4\cdot 5H_2O$) 氯化铵(NH4Cl)	75 12.5	100	数分钟	
褐色	1	硫酸铜($CuSO_4\cdot 5H_2O$) 高锰酸钾($KMnO_4$)	60 8	95~98	2~3	巧克力褐色
	2	硫化钡(BaS) 碳酸铵[$(NH_4)_2CO_3$]	3.7 1.9	室温		浅褐色,着色后刷洗,再次着色,则色泽更佳
红色	1	硼砂液及硫酸铜 氯化钠(NaCl) 水(H_2O)	32 39 少量			着色液涂于青铜件表面,用明火加热至赤红色再慢冷,抛光后再浸入醋液或用烟熏
橙色	1	氢氧化钠(NaOH) 碱式碳酸铜[$CuCO_3\cdot Cu(OH)_2\cdot H_2O$]	5 50	60~70	数分钟	

[14] 谭德睿：《艺术铸造》，上海交通大学出版社，1996年，第409页。

浓度精确配比以及温度的把握。这里列举一些采用化学方法着色的配方。[14]（表1）

化学作色具有颜色生成自然，层次丰富，牢度持久等优点，但在制作过程中往往使用到强酸强碱，以及本身带有氯化物的腐蚀性试剂，其残留物会对青铜器器物本身带来隐患。（图86、87）

（二）颜料作色

图88、89 通过手工颜料作色的商晚期兽面纹斝。

采用颜料和添加剂在修复部位模拟青铜器表面的氧化层与锈层的色彩与肌理，其方法类似绘画创作中制作肌理效果的技法。青铜器表面作色做旧的主要材料是采用天然稳定无害的矿物质颜料，配以调和剂，根据修复师习惯的用笔，按照青铜器锈层生成的层次，依次叠加层层涂点锈色。矿物质颜料有朱砂、石青、石绿、群青、松烟、石黄、金粉、银朱、石黄、雄黄、赭石、蛤粉、铅粉、泥金、泥银等30余种基色。而调和剂大多采用天然虫胶漆汁、丙烯酸漆料以及各种水溶性环保调和剂。作色体现了修复师对色彩的敏感度、调配能力与对青铜器锈层肌理的理解，需要通过长期训练和磨合。颜料作色具有环保绿色、可逆性强、色彩丰富、便于操作与细节控制等优点，特别是在现代文物保护修复理念中对于修复可逆性与可辨识性等原则都有很好的可操作性，是目前修复作色最主要的方法。图88、89为用手工颜料为商中期兽面纹斝作色前后。

第七篇

青铜器修复与辨伪

青铜器的作伪与辨伪之间的"较量"由来已久。据《韩非子 · 说林》记载："齐伐鲁，索谗鼎，鲁以其赝往，齐人曰：'赝也。'鲁人曰：'真也。'"由此可见，青铜器辨伪可以上溯到春秋时期，也由此推测青铜器作伪出现应该更早。

西汉初年找周鼎之风盛行，竟出现了新垣平伪造古鼎，埋在汾阴，企图欺骗汉文帝获取富贵的事。《史记·封禅书》[1]记载方士新垣平言于汉文帝曰："周鼎亡在泗水中，今河溢通泗，臣望东北汾阴直有金宝气，意周鼎其出乎？北见，不迎则不至。于是上使使治庙汾阴南，临河，欲祠出周鼎"。后有人上书告新垣平所言皆诈，新垣平被夷三族。然而伪"周鼎"事情件并没有这样结束。《汉书》[2]记载，所埋的伪"周鼎"到汉武帝时才被发现。武帝不辨真伪，以为是周鼎，视为"祥瑞吉兆"，于是把年号改为"元鼎"，并作"宝鼎歌"。然而伪鼎却被吾丘寿王识破，曰："非周鼎。"为免于祸，吾丘寿王又解释说："今汉自高祖继周，亦昭德显行，布恩施惠，六合和同……天祚有德而宝鼎自出，此天之所以与汉，乃汉宝，非周宝。"

唐代《阙史》[3]记载，唐刘蜕辨铁盎之非齐桓公器，疑即时人伪造。清代学者阮元说："自汉至唐，有能辨之者，世惊神奇。"也由此可以推测，当时能辨伪的人并不多。

北宋宫廷开启了大规模仿制古青铜器的开端。北宋王朝在修订礼典制度过程中，崇尚复古，稽考先秦礼制。宋徽宗大观初年（1107），设置议礼局"诏求天下古器，更制尊、爵、鼎、彝之属"[4]。宋代的仿古铜器与金石学研究一样是严谨与高品质的。相比之下，元、明、清三朝的仿古青铜器却增加了作伪与臆造的成分。乾隆内

[1] 司马迁《史记》卷二十八 · 封禅书第六

[2]《汉书》卷六十四上 · 严朱吾丘主父徐严终王贾传第三十四上

[3] 高彦休撰《四库全书总目》《阙史》二卷

[4]《宋史 · 礼志二》

[5] 清梁诗正《西清古鉴》，四十卷，附《钱录》十六卷。

[6] 程长新、程瑞秀、王文昶：《铜器辨伪浅说》，文物出版社，1991 年。

府刻本《西清古鉴》[5] 著录了清代宫廷收藏的青铜器 1529 件，其中不乏伪器。容庚先生对《西清古鉴》进行校勘，发现其中的伪器占了三分之一。1956-1989 年，北京故宫博物院邀请多方专家对故宫收藏青铜器做了全面鉴定，发现相当一部分伪器，后由王文昶先生编撰出版《青铜器辨伪三百例》。

从当今收藏机构的青铜器藏品与鉴定的数据看，真正需要辨伪的"伪器"大部分出自民国时期以后。当时随着近代科学技术的传入，为古董商提供了作伪的新技术、新材料，从而使作伪水平大大提高。在北京、苏州、潍县、西安等地形成了各有特色的青铜器复制与作伪的中心。这一时期造伪的方法主要有整器伪造、改造古器、拼凑成器、真器伪花、真器伪铭等。[6]

1-1

1-2

图 1　整器仿造的"春秋交龙纹鼎"。

一　整器伪造

顾名思义，整器伪造就是通过复制、仿制，甚至臆造的方式制作出全新的"古青铜器"。有些是通过真品青铜器，运用翻砂法或失蜡法（贴蜡法）铸造伪器，多见于乾、嘉以后。以此种方式所作伪器，由于形制合于规范，且往往又于其上创造假锈，故较难识破，尤其是作伪高手制品，几乎能乱真。但往往新铸伪器一般比等大的原器沉重。这是因为商周青铜器长期埋藏于土中，多已经缓慢腐蚀，铜质已有不同程度的朽坏，而伪器无长期腐蚀过程，整体重量会有"压手"感。若总量相当，那翻模所铸的伪器会比真品原件体积小，缺少陶范法铸造时特有的范线以及垫片等标志性特征。（图 1、2）

2-1

2-2

图 2　整器仿造的"战国蟠龙纹鼎"。

另一种整器伪造甚至完全无须原件实物。早期文物信息资源少，作伪者在设计伪器时大多参考《考古图》《宣和博古图》等书所著录之图像及铭文，后期则是通过影像资料和数据复刻铸造伪器，甚至臆造新器型。由于早期这些线稿绘本已多失真，再加上作伪者又常对器型与纹饰进行局部修改，整器伪造的青铜器容易在器型比例失调、纹饰不合规制、锈层颜色错乱、铭文张冠李戴以及铸造工艺上暴露很多有违真品、甚至臆造的缺陷和错误，是一类比较容易辨识的作伪手段。（图 3~6）

图 3　整器伪造的“商晚期青铜觥”。　图 4　整器伪造的“商晚期兽面纹方鼎”。

图 5　整器伪造的“商代兽面纹提梁卣”。

二 改造古器

改造古器即将真品青铜器（部分是主体完整、附件缺失的青铜器）通过添加或切割部件的方法，改变原器物器型，从而成为另一种价值更高或全新的青铜器器型。北京故宫博物院 1956 年藏有一件商代“父乙觯”[7]，原为素身真器，但作伪者在其口沿一侧上了一个流，又在器腹部加装了一个鋬，成为一件造型奇特的觯。（图 6）同样是北京故宫博物院的“蚕纹盉”，主体由西周素觯改造，焊接加装了盖、流、鋬，使其由觯变成“盉”。[8]（图 7）

上海博物馆早年藏自铭为“盂”的商代青铜器，是早年民间古董商将商代晚期兽面纹斝通过切割去除三足与二柱，并加刻铭文后而改制成的一件“新器型”。（图 8）

法国吉美美术馆藏西周晚期至春秋早期窃曲纹杯。它造型奇特，应该为一件同时期的青铜壶的口颈部改制而成。（图 9）

“台北故宫”有一件清宫旧藏《西清续鉴》著录的“汉旂铃”。形制古怪，将一件残损的商代弓形器上焊接添加了三个车马器銮

图 6　北京故宫博物院 1956 年藏有一件改造的商代“父乙觯”。

图 7　北京故宫博物院收藏的改造的“蚕纹盉”。

图 8　上海博物馆早年藏自铭为“盂”的商代斝的改造器。

图 9　法国吉美美术馆藏西周晚期至春秋早期窃曲纹杯。

[7] 王文昶：《青铜器辨伪三百例》，故宫出版社，2009 年 12 月，第 76 页。

[8] 王文昶：《青铜器辨伪三百例》，故宫出版社，2009 年 12 月，第 78 页。

铃而改造成为一件臆造器物（图 10）。[9] 在当时青铜器出版资料稀缺、交流渠道狭窄、信息闭塞的收藏环境中，真器改造是极具欺骗性的。

[9] 唐兰：《“弓形器”用途考》，《考古》1973 年 3 期。

三 拼凑成器

拼凑成器是利用出土残损青铜器的碎片重新裁切拼接组合成一件完整青铜器。由于碎片资源有限，通常拼凑的器物上会出现不同时期、不同器型、不同纹饰的青铜碎片与部件，生拼硬凑的器型往往生硬而呆板，很多细节不符合常理，器物表面氧化层的过渡显得突兀。图 11 为利用不同器物的残片，经过巧妙切割（纹饰和乳丁都是独立切割成型）打磨后拼凑粘接而成的“商代兽面纹方鼎”。科技检测是鉴别型伪器最有效的方法。这件“春秋龙纹戈”

图 10 “台北故宫”藏《西清续鉴》著录的“汉旂铃”，实际为一件残损的商代弓形器被添加了三个铃铛而改造成一件臆造器。

图 11 利用不同器物的残片，经过巧妙切割打磨后拼凑粘接而成的“商代兽面纹方鼎”。

通过 X 透视拍摄，可以清晰看到“戈”是由两件残矛以及龙形饰件等残件焊接在一起而成。[10]（图 12）

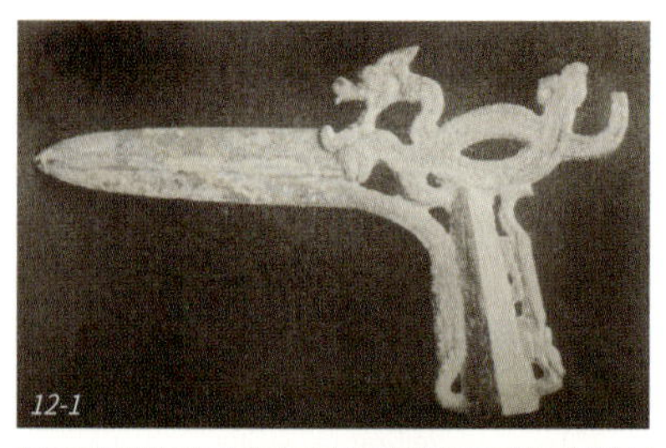

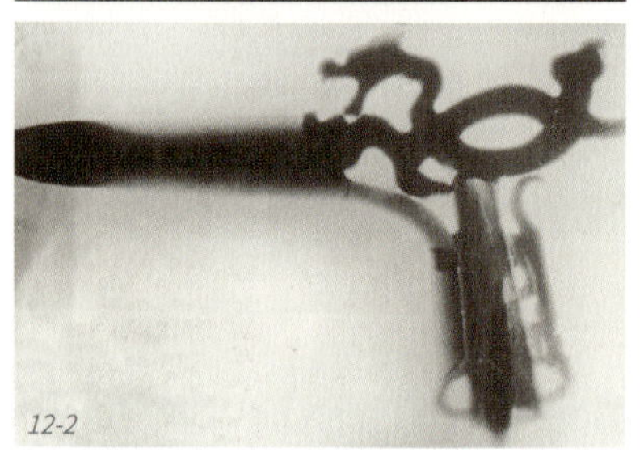

图 12　北京故宫博物院收藏的“春秋龙纹戈”是由两件残矛、龙形饰件等残件焊接在一起而成。

四　真器伪花

真器伪花是指在原本纹饰简单或无饰纹的素面青铜器上添加纹饰，以此增加其原有的价值。真伪花常见的方法：

（一）錾刻纹饰

由于錾刻是通过钢錾进行阴刻纹饰的凿刻，因此錾出的阴纹线条宽狭规则一致，錾刻出的纹饰底部与侧面转折呈直角，两壁平整，无范铸纹饰不规则与圆浑的特征，并容易看出錾痕。图 13 为伪刻纹饰的战国青铜豆。

图 13　伪刻纹饰的战国青铜豆。

錾刻是“减法”，后加主纹和地纹是处于同一平面。这与真器上有高低层次的主辅纹排列有明显区别。有些作伪者为了凸显主纹高于素地部分，会故意把底纹部分磨掉一层。而对于高凸出器表的目、耳、眉、出戟等纹饰则另用旧铜打磨成型后焊接垫高成型。图 14 为通体后加纹饰的商代青铜斝，器物整体纹饰清晰，层次分明。通过上海博物馆丁忠明老师拍摄的 CT 扫描后可以清晰地看出，通体兽面纹与雷纹錾刻而成，纹饰宽度均匀，底部平直。而器身上所有高凸的兽目与出戟皆为后期焊接添加而成。

（二）后错纹饰

作伪者利用錾刻或蚀刻的方法在器物上制成凹槽，再嵌入金银铜丝（片），锤实打磨，掩盖錾刻留下的痕迹，以伪造价值更高的错金银青铜器。图 15 为后错红铜的汉青铜素鼎。

[10] 王文昶：《青铜器辨伪三百例》，故宫出版社，2009 年 12 月，第 88 页。

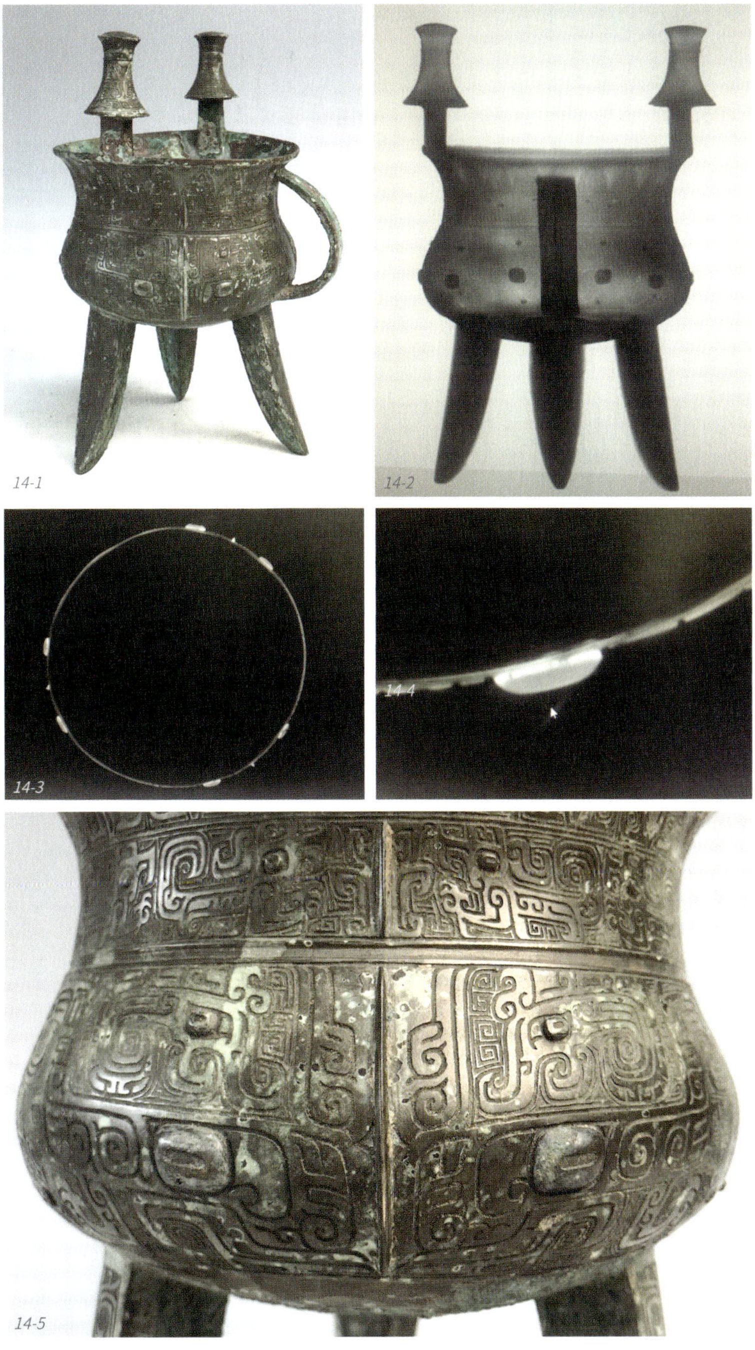
14-1
14-2
14-3
14-4
14-5

图 14 后加纹饰的商代青铜斝。

15-1
15-2

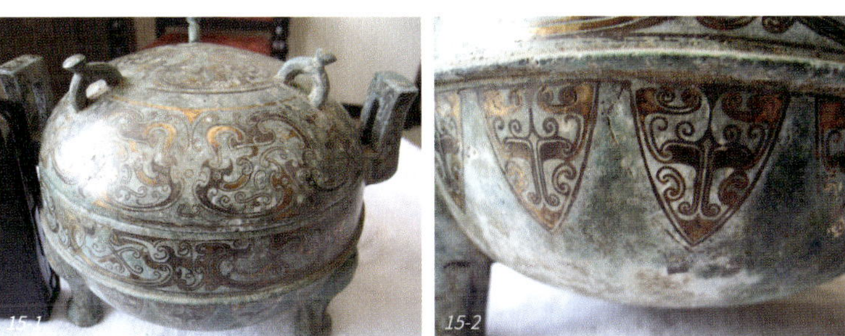

图 15 后错红铜的汉青铜素鼎。

（三）后添纹饰

对于在胎体较薄的青铜器上添加纹饰，或在局部有纹饰的真品青铜器上再增加其他装饰，这样的情况往往不仅采用錾刻“减法”，有时还要采用额外添加纹饰的“加法”。图 16 为一件后添纹饰的战国三足鼎，鼎本素身，纹饰采用錾刻与树脂堆塑雕刻结合而成。

图 17 为一件失盖的西周窃曲纹簋。作伪者找来同时期的残器盖，为了与器身匹配，特意在盖沿处贴加了一层后铸的铜制窃曲纹薄片，两者粘接后通体作锈，达到浑然一体。

无论是用“减法”錾刻纹饰，还是用“加法”塑造纹饰，后添加的伪纹饰都会受到原器形制大小、纹饰布局区域、器物壁厚、质地优劣等限制，因此“纹饰”在布局和深浅的合理性上会显得捉襟见肘，而且錾刻成的纹饰往往粗细均匀，侧壁过于平整，缺乏铸造形成的自然变化。

图 16　在素器上后堆加纹饰的战国三足鼎。

图 17　拼凑器盖并后加纹饰的西周窃曲纹簋。

（四）填充纹饰

很多商周青铜器表面的阴刻底纹中，除了会残留有范土、锈蚀以外，还会常常发现一种黑色的物质填充于云雷纹等底纹之中，呈炭黑色，表面大多有光泽，和云雷纹形成强烈的色彩反差。这种黑色物质早期被认为是烧煮的黑煤残留，后有研究者取样分析，其成分为天然生漆，由此可见这种黑色实则为当时装饰纹饰用的填充材料，而后期作伪仿制品都只是用炭黑填充。（图 18）

图 18　商周青铜器的阴纹内常见的填充材料。

总之，后加的饰纹较之真器的纹饰，显得僵硬呆板。仔细观察可以看出錾刻的痕迹，甚至经常会发现伪造者将纹饰张冠李戴、纹饰风格年代与青铜器本体年代不符的错误。此外，伪造的饰纹必然需要人工作色或作锈，更容易看出作伪破绽。

五 真器伪铭

伪造青铜器铭文可能是中国青铜器作伪中数量最多的一个类型。在没有纸张的年代，金文作为一种承载着前秦信息的重要文字，历来备受历史研究、金石收藏者的重视。尤其自宋代以来，金石收藏与研究者极其嗜好有文字的青铜器，对有长篇铭文的青铜器更是趋之若鹜。于是大量伪造铭文的青铜器在这样的市场需求下产生。

真铭文字口上小下大，字口微圆，壁面及底有高低不平的范铸痕迹，字口内尚有范土、黑色物质和锈，锈的层次多，色彩也多，字口内的土、锈等物应与素地是一致的、协调的。笔画在一画之中有宽狭，凸出和凹陷自然而有力，笔画横直相交之处的角度不露锋芒。字口皮壳颜色、光泽与其他部位一致（不包括去锈后的铭文）。

新制的铭文多是錾刻或蚀刻而成，字口偏硬。笔画宽窄一致，字口呈上宽下窄形，字口底部与侧面平整。但凡錾刻成的铭文，字口一定会被重新打磨。因此字口附近的皮壳颜色有别于其他部分，字口内的氧化物与沉积物多显深色，颜色单一，缺乏自然层次和断面。图 19 为英国康普顿 - 沃尼（Compton Verney）美术

图 19　英国康普顿 - 沃尼（Compton Verney）美术馆藏商晚期伪铭云纹大铙。

馆收藏的商晚期云纹大铙，铭文为伪刻。此类商代大铙基本流行于长江流域，目前发现的此类大铙一般都是没有铭文的。

图 20 为纽约大都会博物馆藏有一件 J.P. 摩根早年捐赠，出自殷墟的商晚期兽面纹大瓿。中华民国时期，它被錾刻了伪铭。器为商晚期，但錾刻的伪铭却模仿西周中期的文体，显然不搭。更有趣的是原本应该盖和身同铭的器物，作伪者画蛇添足地将有一篇特意进行了反刻，反而更是不合常理。

图 21 为一件商晚期变形目纹鼎，本无铭，由于鼎内壁很难錾刻，作伪者就在鼎内侧壁凿挖出一个凹陷，嵌入一片事先刻好的铭文。

市场的需求使得高超的作伪技术层出不穷，以至于很多收藏机构与资深收藏家都会“打眼”，造成了经济与精神的损失。青铜器修复师无疑是文博行业里对这些作伪青铜器的形式与方法接触最多的职业，也是对这些作伪技术了解最深的一个职业。传统的青铜器修复需要修复师掌握高超的文物复原能力。在多年的修复实践中，通过对青铜器造型、材质、纹饰、锈蚀、铸造工艺等方面不断积累经验，从青铜器的本质上辨别器物的真伪，形成了一套有别于传统历史学术研究领域的青铜器鉴定体系与方法。很多资深青铜器修复师为青铜器的征集与收藏研究提供了有力的保障。

20-1

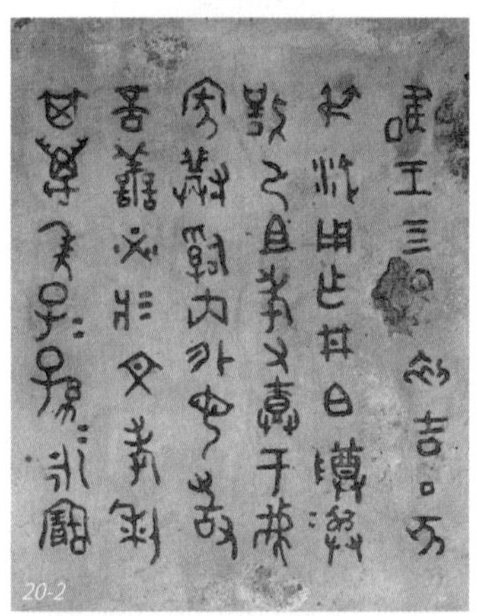

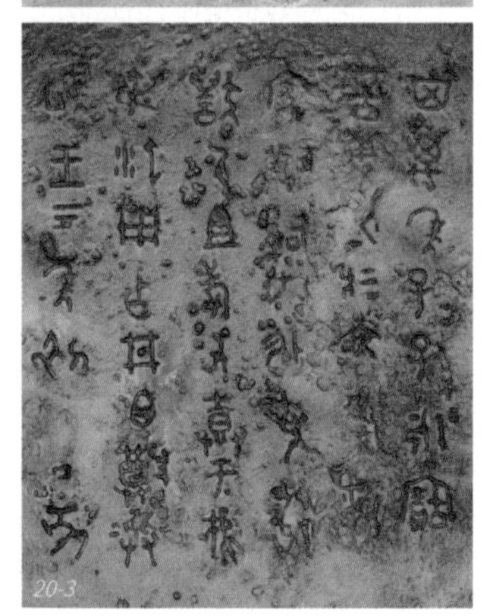

图 20　纽约大都会博物馆藏商晚期伪铭兽面纹大瓿。

图 21　镶嵌铭文的商晚期变形目纹鼎。

第八篇

青铜器修复后的保存环境调控

病害虽然可以消除，但消除病害后的器物毕竟脆弱，更需要加强后期环境的预防性保护，以防止再次复发病害。经保护修复封护处理后的青铜文物具有一定的抵御环境变化的能力，但是对于青铜文物的长期保存来说，后期的预防性保护是非常重要的。因为没有绝对不会老化的修复和封护材料，只是它们老化的时间不同。根据文物不同的修复程度与方法，修复师应该制定后期跟踪调查计划，若发现文物本体有质变现象，应及时采取相应的保护处理措施，同时对青铜器的保存、展陈及收藏环境应采取符合青铜器保存的措施。[1]

青铜文物的后期预防性保护主要是对温湿度，空气污染，氯化物接触，光照，微生物等方面进行控制。[2]

[1] 国家文物局博物馆与社会文物司主编：《博物馆青铜文物保护技术手册》，文物出版社，2014年。

[2] 郭宏：《文物保存环境概论》，科学出版社，2001年。

一 温湿度

温湿度是影响青铜器保存的首要因素，不适宜的温湿度不仅会对青铜材质的耐久性造成直接的影响，而且会加速其他不利因素对青铜材质的破坏作用。

（一）温度

温度是衡量物体冷热程度的物理量，严格的、科学的温度定义，是建立在热力学第零定律基础上的。根据热力学第零定律，处于同一平衡状态的所有热力学系统都具有共同的宏观性质，这个决定系统热平衡的宏观性质就被定义为温度。温度的特征就在于一切互为热平衡的系统都具有相同的温度。从微观上看，温度实质上是物体内部大量分子无规则运动剧烈程度的反映，温度越高说明物体内部分子热运动越剧烈，反之亦然。因此，温度是统计意义上的一个物理状态参数，是大量分子热运动的集体表现，是大量分子的平均平动动能的量度，对于单个的分子，说它有温度是没有意义的。

温度是青铜文物腐蚀过程中的重要因素。影响青铜文物的温度主要决定于周围空气的温度。温度可以改变青铜文物表面的干湿状态，改变氧的溶解度，同时也可改变某些腐蚀产物的溶解度，从而生成不同的腐蚀反应产物，导致青铜文物表面状态发生变化。因此，在青铜文物保存环境中要保证低温恒定。参照国际文物藏品库及展厅温湿度标准，青铜文物全天存放环境温度应控制在 18℃ ~24℃之间，并尽量减少温度周期性波动。[3]

（二）湿度

湿度是表示空气的干湿程度的物理量。湿度在青铜文物保存中也起到了同样的作用。湿度的变化是导致诱发青铜器上“青铜病”的必要条件之一。现代表面化学理论认为，若相对湿度为 60%，温度为 20℃，金属表面能吸附的单分子的水的层数大约为 15，而当单分子水层数达到 3 以上，就具有水的化学性质。[4] 因此，相对湿度直接关系着金属表面是否形成水膜以及形成水膜的厚度。在相对湿度足够的情况下，金属表面的水膜会形成有效的离子传递，使金属表面的电化学腐蚀顺利进行。参考国内外学者的研究成果，青铜器潜伏的“粉状锈”其保存的临界相对湿度为 42%~46%。相对湿度若超过 55%，CuCL 迅速与空气中的水发生如下反应：$CuCL+H_2O \rightarrow Cu_2O+HCL$，随着相对湿度增高，反应速度加快。不同相对湿度的实验结果显示氯化亚铜（CuCL) 在 95%、78%、58% 的环境中分

[3] 郑幼明、俞春尧、张学军等：《博物馆恒温恒湿文物环境控制系统的建立和优化设计》，《文物保护与考古科学》2008.20（增刊）、第 32-40 页。

[4]［美］大卫·斯考特：《艺术品中的铜和青铜：腐蚀产物，颜料，保护》，马清林、潘路等译，科学出版社，2009 年。

别经 2、4、24 小时反应生成碱式氯化铜 [$CuCL_2 \cdot 3Cu(OH)_2$]: $4CuCL+4H_2O+O_2 \rightarrow CuCL_2 \cdot 3Cu(OH)$: +2HCL 而在相对湿度为 35% 的环境中，氯化物是非常稳定的。[5]

因此，青铜器物（特别是曾经患过“青铜病”的器物）的保存相对湿度应控制在 40% 以下。尤其在闷热潮湿的雨季，若青铜器处于高湿状态，极易诱发和复发“青铜病”。

[5] 钟家让 :《出土青铜器的锈蚀因素及其防护研究》,《山西大学学报》(自然科学版) 2004 年 27(1): 第 44-47 页。

[6] 黄河 :《通风、过滤和被动吸附措施对博物馆库房空气质量的影响》,《文物保护与考古科学》2009 年。

二 空气污染

空气污染物是文物保存使用过程中材质发生质变的外部因素之一。随着现代城市的快速发展，空气污染物日益增多。文保机构对空气中氮氧化物、硫氧化物、二氧化碳、氯化氢、氯气等有害气体给文物带来的严重影响也日趋重视。

在日益恶化的环境中，博物馆藏品受损现象呈明显加剧趋势。据调查，北方城市大气污染仍是传统的煤烟型污染占主导地位，冬季尤为严重。不少区域冬季采暖主要靠烧煤，煤的燃烧是空气中二氧化硫气体的主要来源。二氧化硫会加速青铜文物腐蚀，同时二氧化硫和烟尘具有协同作用，两者并存时，有害作用可增加 3~4 倍，因此对文物危害极大。[6]

三 氯化物

氯化物在无机化学领域里是指带负电的氯离子和其他元素带正电的阳离子结合而形成的盐类化合物，是青铜文物最危险的污染物，氯离子是腐蚀金属特别活跃的因素。氯离子极易溶解于水，并具有很强的穿透力和盐吸湿性。氯化物是造成青铜器生成“青铜病”的直接原因。因此，青铜器在存放时要尽量避免和氯化物、氯气的接触。特别是在接触青铜文物时，一定要戴手套，避免手上的汗液污染青铜文物，造成腐蚀隐患。

对已经感染“青铜病”的青铜文物应立即分开存放，并及时进行相应的去除与封护，防止相互传染，避免危害库房其他青铜器。对于曾患有“青铜病”的青铜文物应该严格控制温湿度，另外含有少量氯化物的青铜器在湿度较大的环境中也具有很高的化学活性，一般建议湿度控制在 35% 以下，以防止再次复发。[7]

四 光照

青铜类文物对光照的敏感性并没有丝绸、纸张等有机类文物这样高，因此在青铜器的展陈与存放环境中，光照往往是容易被忽略的参数。

其实光与温湿度一样，是青铜文物修复后保存和利用中最基本的、最常遇到的外界环境因素。光主要来自太阳的光辐射，其次是来自人工光源。光对修复后的青铜文物的危害主要有三个方面：光对修复材料具有热效应，使有关化学反应加速和产生光化学反应。

目前博物馆展厅所采用的光源主要以人工光源为主，使用的灯分为射灯、管灯、光导纤维灯等。许多小型博物馆由于经费等原因的制约，常常使用自然光和人工照明光源相结合。也有收藏机构将灯光直接照射在文物上，对文物未采取任何防护措施，这样长时间不均匀的照射，就容易造成采用不同材质修复后的青铜器表面局部受热膨胀收缩不均，引发化学变质反应，加速文物修复材料老化，出现裂纹，使有害气体、水汽进入，造成器物损坏。[8]

青铜器在保存期间应尽量做到避光保存，展厅室内照明光源应考虑到灯光辐射容易使玻璃展柜产生温室效应造成展柜内温度上升的问题，要避免使用强烈的聚光灯，应尽量采用冷光源灯以及无紫外线、无红外线的光导纤维灯光，将对文物的干扰降到最小。[9]

[7] 赵晋保、张建华、杨国庆：《青铜病的防治》，《中原文物》，2014 年。

[8] 中华人民共和国国家标准《博物馆照明设计规范》(GB/T 23863-2009)，中华人民共和国国家质量监督检验检疫总局，2009 年。

[9] Fergus Read：《光照对文物的影响以及预防性保护》罗晓东编译，《艺术市场》2009 年，第 56-59 页。

五 微生物

微生物是对一切肉眼看不见或看不清楚的微小生物的总称。细菌、病毒、真菌以及一些小型的原生生物都属于这个群体。青铜器本身受到微生物的干扰并不明显，但是不少青铜器镶嵌有其他材料（珠宝、骨器、龟甲、珐琅等），一些有机类镶嵌物会滋生霉菌，并诱发新的病害，应注意对这些材料的杀菌保管方法。[10]

[10] 陈元生、解玉林：《博物馆文物保存环境质量标准研究》，《文物保护与考古科学》2002年第14卷增刊。

六 复合材质青铜器的保存

一般情况下，带有稳定锈蚀的青铜器，即使在相对湿度为55%时仍比较稳定，但青铜器上会含有其他装饰或其他材质的附着物，一种或者是几种材质共同附着在青铜器上。对于青铜材质较为稳定的器物，要优先考虑脆弱材质的存放，并综合考虑青铜器和其他材质的文物的共同存放，如彩绘、镶嵌螺钿、纺织品残留物等。或者在保护修复过程中采用了有机保护材料进行了粘接、封护和加固，这些材料往往具有光敏性，在高温高湿及光照条件下会迅速变黄、老化，甚至变脆破损；可以根据《博物馆藏品保存环境试行规范》和《博物馆藏品保护与展览》的建议，青铜器存放环境相对湿度为40%，螺钿存放环境相对湿度要求为50%~60%。但稳定的青铜器在相对湿度为55%的时仍比较稳定，故建议带有镶嵌螺钿的青铜器存放环境相对湿度要求为50%~55%。

一般来说，复合材质的文物共存保管时，应优先考虑脆弱文物的存放环境；长期展出和保存结合文物的地域特征，综合考虑文物的稳定因素；在季节变化时，考虑博物馆微环境和大气环境的缓冲过渡性。

第九篇

青铜器修复工作室的建设与设备

“工欲善其事，必先利其器。”科学合理的修复环境和设备是保证和提高文物修复工作质量与效率必不可少的条件。

一 青铜器修复工作室的基础设备

现代化的修复工作室是个综合的系统工程。在装备各种仪器设备及其配套设施的同时，不仅要考虑送风、排风、给水、排水、净化、排污、供电等要求，更要考虑人员、周边环境的安全性，气味、声音、视觉环境的舒适性，仪器设备的功能性、可操作性，以及信息处理的便捷性。本章节介绍的一部分修复工作室基础设备，是除消防、安防等非直接参与文物修复工作以外的基础设备，主要包括水电、照明、通风、吸尘、排污等设备的选择与安装。[1]

青铜器修复工作室应尽可能做到干湿分开，功能分开。如清洗、浸泡、拆分、五金加工、喷涂等特殊功能的工作可以在修复室内的其他区域完成，以免造成空气、湿度与粉尘等互相干扰。[2]

（一）光照

修复工作的光照，主要考虑的因素是照度与色温。修复工作的各项工序都需要充足的光照，一般是选择非直射阳光下的日光漫射照明，这样可以保证光线的均匀与操作者的视觉舒适性。

色温是照明光学中用于定义光源颜色的一个物理量。光源对物体颜色呈现的程度被称为显色性，也就是颜色的逼真程度。因此，色温的变化对于修复师后期还原器物色彩有着直接的影响，通常以

[1] 国家标准《可移动文物保护修复室规范化建设与仪器装备基本要求》(GB/T30238-2013)，2014年。

[2] 中国文化遗产研究院：《中国文物保护与修复技术》科学出版社，2009年1月，第578页。

图 1　可以调节色温与照度的光源。

5000K~6500K 的自然日光色温为准。在光照不足或自然光源有色温偏差的情况下，修复师可以选用接近日光的人工光源辅助照明，以避免因为色温原因而导致修复部位上色产生偏色。（图 1）

（二）温湿度

温湿度是青铜文物保存环境中的两项重要质量指标，它们既有其独立的影响又有相互关联所起的复合影响。保存环境应远离空气中的硫化氢、氯气、二氧化氮等强氧化物及粉尘，防止它们对青铜器的侵害。《博物馆藏品保存环境试行规范》，青铜器的保存温度控制在 18℃至 25℃，温度日波动范围小于 5℃，相对湿度为 45% ± 5%，相对湿度日波动范围小于 5% 的稳定环境中。避免氧化性气体与文物的接触，控制达到无氯环境，以避免因温湿度过高，诱发与加速青铜器被氯化物腐蚀，产生“青铜病”。

（三）用水

青铜器在清洗、去锈过程中会大量用到水。普通水质中含有的氯化物对青铜器的保存存在隐患。一般建议采用蒸馏水和去离子水。蒸馏水是指经过蒸馏、冷凝操作的水。蒸二次的叫重蒸水，蒸三次的叫三蒸水。去离子水是去掉了水中的除氢离子、氢氧根离子外的其他由电解质溶于水中电离所产生的全部离子，即去掉溶于水中的电解质物质。二者本质和工艺特征不同，但都能很好地控制水中的有害成分，减少因用水造成的青铜器修复中的隐患。

（四）通风

青铜器修复工作离不开清洗、去锈、作色等有害气体排放较多的工作步骤。因此，保持和增加通风对于青铜器的修复与文物修复师的身心健康是非常重要的。修复室一般采用整体通风和局部通风相结合的方式。

整体通风是对修复室内空间整体空气的换新过滤系统。局部通风是指在实际操作过程中，针对有害气体源头设置的通风装置。常见的设备包括通风柜和万向排风罩。

变风量控制式的通风柜是局部排风必不可少的设备。其功能主要是控制可以调节阀门的传感器，改变风量达到给定的面风速，迅速排出在修复操作时产生的各种有害气体、臭气、湿气，以及易燃、易爆、腐蚀性物质，以防止修复中的污染物质向室内扩散，也保证了使用者的安全。（图 2-1）

图 2-1　变风量控制式的通风柜。

万向排风罩可以根据实际需求选择软臂或硬臂。无论何种曲臂都可以延伸至操作区域，通过对风量和风速的调节，迅速捕集有害气体并通过过滤排出室外，有效防止其在室内的扩散。万向排风罩是修复操作者中最为有效与实用的通风设备，对于保护修复师的健康具有至关重要的作用。（图 2-2）

图 2-2　软臂万向排风系统。

（五）除尘

青铜器在去锈、雕刻、打磨等修复过程中会产生大量的粉尘，不仅对修复工作区域的环境、设备会造成一定程度的污染，而且对于工作人员的身体健康也会带来伤害。修复工作室一般配备粉尘过滤设备来集中搜集清理粉尘。公用集中粉尘过滤设备具有噪音小、吸力强、集中搜集清扫粉尘的优点，但投入成本较高，维修不便。独立粉尘过滤设备具有轻便，便于移动与携带，投入成本较低，维修方便等优点。

（六）化学药品管理

青铜器保护与修复中会大量接触和使用化学品。化学品安全管理是文物修复中不可忽视的重点。依据《中华人民共和国安全生产法》《危险化学品安全管理条例》《上海市危险化学品安全管理办法》等有关法律、法规，修复师所用的化学药品应放在专用的防火防爆、避光的试剂安全储存柜中，实行双人双锁、随用随记的严格的化学品管理制度。易燃的材料，如乙酸乙酯、酒精、丙酮等，更应该按需要的量购买，切勿大量集中储存。使用后的化学材料尽可能回收、重复利用，其余按照要求妥当处理。使用后的化学药品容器需要专人集中回收处理，不可随意丢弃、污染环境。化学药品或者试剂要转移到合适的化学玻璃器皿中使用，并在容器外面贴好药品名称的标签。[3]

[3]《文物保护与修复实验室管理条例》复旦大学文物与博物馆学，文物保护实验室，http://www.chm.fudan.edu.cn/wwbhsys/list.htm。

二 青铜器修复的设备与工具

（一）修复工作台

修复工作台是青铜器修复最主要的操作区域。由于青铜器的体量与保存状况不同，修复台的选择应该适应不同情况下的青铜器的修复工作。

可靠性：工作台的材质必须坚固稳定，能够承受青铜器的重量。桌面耐腐蚀，不能与青铜器产生不良反应，修复台在使用中不允许危害文物的可能性存在。

便利性：在文物修复工作中，不同大小的器物与不同的操作步骤对工作台的高度有不同要求，需要能够稳定调节高度以应对不同的需求。可连接电源的修复台，能为辅助照明与桌上设备的使用提供便利。（图 3）

图 3　金属类文物修复工作桌。

（二）体式显微镜

完美的清洁、去锈和修复离不开体视显微镜。可用于青铜器清洁和修复的光学显微镜一般提供可变高度设计与数码影像保存功能，这样在分辨细微细节的同时，也便于随时保存观测与操作过程的影像。如果是大型青铜文物，推荐使用落地式可移动支架或者根据场景定制支架及调焦结构。（图 4）

（三）摄影设备

文物修复工作中摄影器材是记录信息必不可少的重要设备。它能如实反映文物的修复状态，包括修复前、修复中、修复后文物的器型、纹饰及病害等情况。

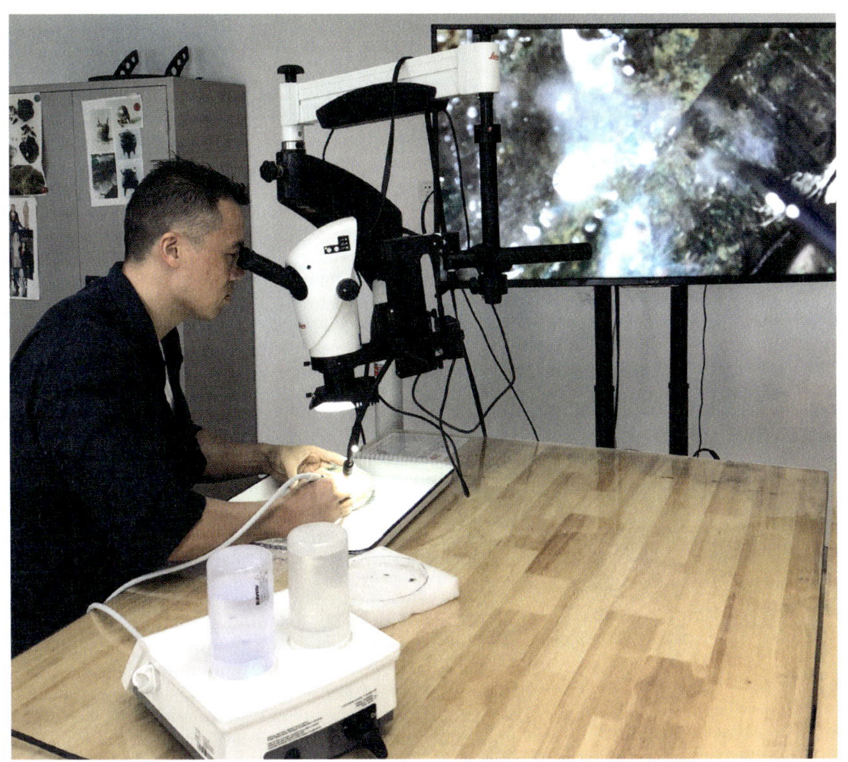

图 4　落地式可移动支架体式显微镜。

（四）超声波清洗仪

超声波清洗是现代青铜器修复中较为普遍使用的方法，主要有槽式超声波清洗和超声波洁牙机清洗。

槽式超声波清洗需要将器物完全浸泡在液体中，利用超声波在液体中的空化作用、加速度作用及直进流作用，对液体和污物直接、间接的作用，使污物层被分散、乳化、剥离，从而达到清洗的目的。（图 5-1）

超声波洁牙机是利用可调节的超声波产生的不同的频率振动，通过光滑的超声波洁牙机工作头，把青铜器表面的污物、锈蚀混合物震碎，然后通过洁牙机产生的水雾把污物冲刷下来，以达到清洗去锈的目的。（图 5-2）

图 5-1　槽式超声波清洗。

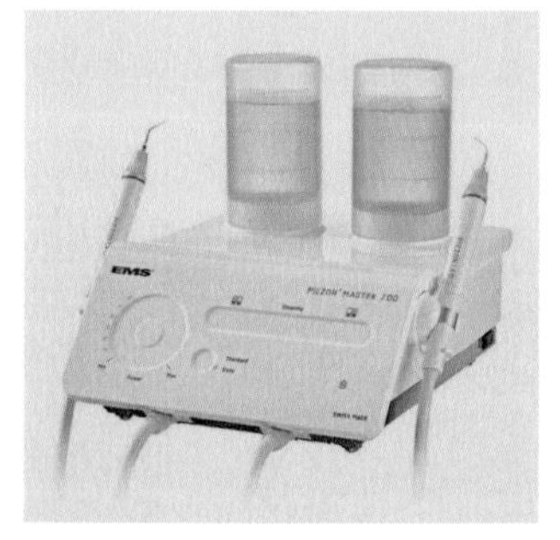

图 5-2　超声波洁牙机清洗。

（五）矫形器

古代青铜器在埋藏环境中会由于自然地形变化、墓葬塌陷、器物挤压以及各种因素而产生断裂、变形等物理病害。在修复过程中要保持器物结构上的稳定性的同时将变形器物复原就需要经过整形。物理模压法是青铜器整形的一种常用方法，通过丝杠整形模具从不同角度连续不断地施压、释放与调节，直至铜器变形部位尽量复原。在设计定制与选择购买整器器械时，需要考虑其灵活变化的单元调节程度，以便适应青铜器丰富多变的器型。（图 6）

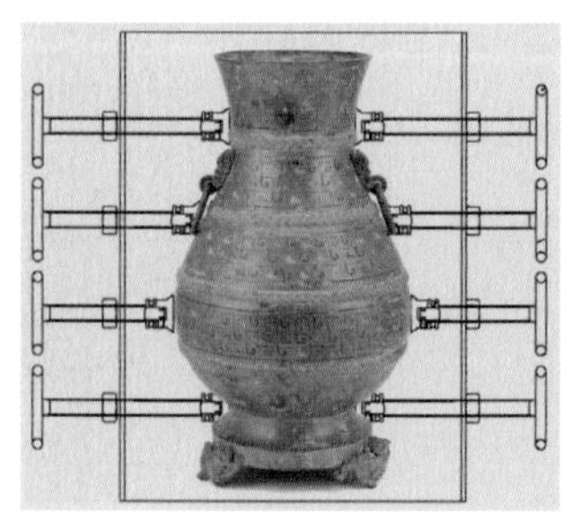

图 6　用于青铜器物理矫形的工具。

（六）蒸汽清洗机

蒸汽清洗机，又名饱和蒸汽清洗机，是通过高温产生饱和蒸汽和外加高压，加快污垢面耐分子的运动速度，通过破坏它们之间的结合力，来达到消除各种顽固污渍的目的，无须任何清洁剂，环保安全，同时能将附着在物体上的各种细菌、微生物和病原体完全消除掉。配合不同的喷嘴对于青铜器表面清洗具有一定的辅助作用。（图 7）

（七）电动工具

青铜器在修复中会使用到各种电动工具。选择符合认证的电动工具，如手持电动工具 CE：EN60745 标准，台式电动工具 CE：EN61029 标准，家电类电动工具 CE：EN60335 标准。

a. 金属切削类工具包括钻床、枪钻、切割机、微型车床、电锯等；

b. 砂磨类工具包括砂轮机、角磨机、砂光机、抛光机、喷砂机等；

c. 装配类工具包括电动扳手、电动螺丝枪等；

d. 其他类工具包括微型雕刻机、热风枪、焊接笔、静音气泵、打蜡机、热胶枪、超声波刀、真空搅拌机、水浴锅、卤钨灯光照射器（用于光敏固化复合树脂材料）等。（图 8）

（八）手动工具

五金工具主要有电烙铁、转盘、沙箱、锤子、紧固件、夹具、量具、剪、锯、锉、刻及

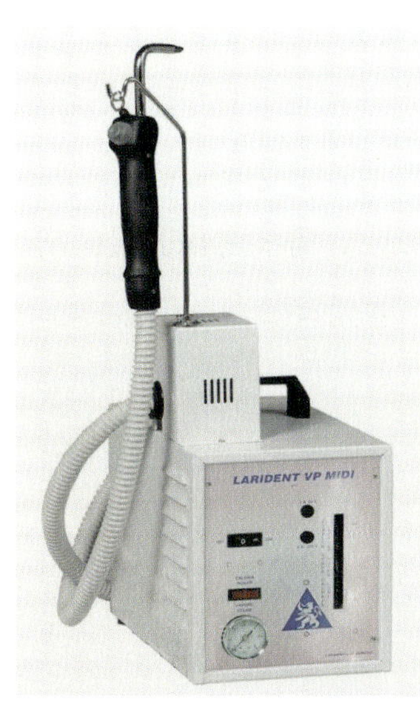

图 7　用于文物清洗的蒸汽清洗机。

图 8　各种电动工具。

图 9　各种五金手动工具。

各种耗材等五金小工具。（图 9）

医疗工具包括各种外科手术工具、牙科制作工具、实验用器皿等。（图 10）

美术工具包括各类测量、绘画、雕塑等用工具。

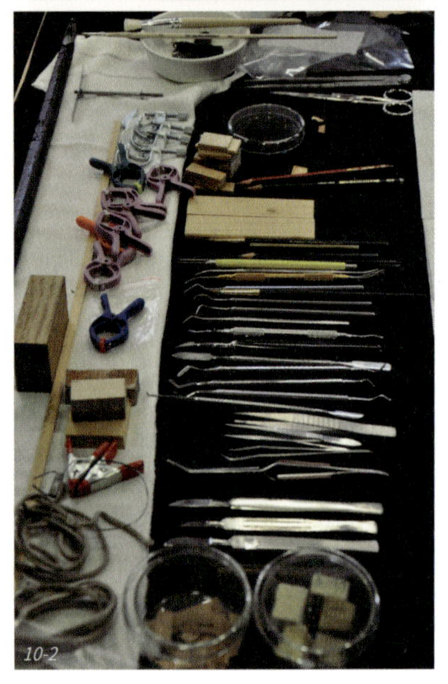

图 10 各种医疗手动工具。

（九）其他

其他修复工具还包括照度计、酸度计、测厚仪、可调节电炉、真空干燥箱、恒温水浴、电子天平、去湿机、冰箱、保险柜、工具柜、无酸纸文物匣囊、搬运文物小推车、防护安全用品等。

第十篇

青铜器修复案例

案例一：商中期兽面纹壶的铸造补配修复

商中期兽面纹壶，完整的原器应该直口加盖，细长颈，鼓腹，圆底，圈足；提梁呈绳纹状，与肩部和盖顶的菱形环连接（图 1）。圈足有对称两方孔。肩部和腹部饰兽面纹，上下皆镶连珠纹；提梁和菱形环双重活络部件是采用分铸法制成的，标志着铸造技术的一大进步。在埋藏与传承过程中，器物残缺三分之二，缺失壶盖、提梁、连接环等附件。

湖北省博物馆收藏的 1974 年湖北省黄陂盘龙城李家嘴 M1 商代遗址出土的商早期兽面纹壶（图 2），与此件残壶形制与体量都非常接近，为此件同时期的青铜壶的补配提供了有力的修复依据。

依据壶身残留部分的弧度，推算出壶身腹径与高度，首先使用雕塑泥塑造壶身残缺部分的大型。（图 3）

图 1

图 2

图 3

利用石膏翻模，将塑造的泥型转换成石膏模型。（图 4）

300 目石膏粉制作的模型石膏为器身残缺提供了细腻坚实的基础，依据原件残留部分的二方连续兽面纹饰，进行扩展延伸，按原器型进行衔接雕刻。（图 5）

由于商早期同类器型存世极少，且器盖和纹饰也略有不同。综合现有数据，通过三维建模，生成缺失器盖的数字三维模型。数字模型的建立使得补配器盖的尺寸、纹饰以及布局的调整更为直观与便利，方便反复调整，以确定最佳补配形制。（图 6~9）

图 4

图 5

在没有 3D 打印机输出的情况下，根据数字模型提供的精确尺寸进行传统手工石膏器盖的制作。通过石膏内外范反复雕刻的纹饰可以达到最接近于陶范雕刻纹饰的效果。（图 10、11）

依据三维模型数据，采用石膏将壶身残部分以及缺失的器盖、绳纹提梁、连接环等附件全部补配齐全。（图 12）

通过再次翻模，将石膏模型制作成待铸造用蜡模。（图 13）

通过传统的失蜡法铸造，铸造出与原件合金配比相同的青铜配件。采用精密真空铸造技术，使得青铜铸件最大程度地还原了石膏模型上的细节。（图 14~16）

精密真空铸造的铸件无收缩变形，壁厚与弧度都非常匹配，与原件断口衔接自然。（图 17）

铸配件与原件采用环氧树脂粘接的方式连接，在保障了器物展陈强度的同时，做到了修复材料与方法的可逆性，最大程度缩小了对原器物的干预。（图 18）

最终通过手工作色，使得器物外部色彩、质感和谐，达到最佳展陈效果，而在器物内部则保留可辨识的修复痕迹，以便于后期的研究工作。（图 19）

图 6

图 7

图 8

图 9

图 10

图 11

图 12

图 13

图 14

图 15

图 16

图 17

图 18

图 19

案例二：商晚期兽面纹斝的补配修复

一 文物现状与修复方案的制定

（一）文物现状

图 1　商代晚期兽面纹残斝。

上海博物馆早年入藏一件青铜器（图 1），高 105mm，口径 152mm，腹径 183mm，整体呈圆形，侈口束颈，鼓腹圆底，腹一侧有兽首鋬。鼓腹部饰有兽面纹与龙纹，纹饰清晰而精美，腹内底部有 4 字铭文，并自铭为“盂”。

通过 CT 扫描检测，如图 2 所示，看似完整的“盂”，通体有六处人为干扰痕迹。器底部的四处痕迹其中三处为等边三角形，大小相等，分布均匀，正是对应三足酒器的位置。器腹中间有一块 90mm × 35mm 的矩形焊接痕迹，位置正对应器腹内部的铭文。器物口沿两侧的干扰痕迹也

图 2　CT 扫描影像。

是对应传统酒器口沿部的二枚柱头的位置。由此可见，此件器物原本并不是一件“盂”，而是一件商代晚期兽面纹斝的改制品。

通过 CT 影像观测的六处干扰痕迹的断面与器身断面完全吻合，通过 CT 影像对器物的密度分析可以看出六处干扰部位的密度与文物主体一致，新铸的配件或其他老器物的残片很难达到密度完全一致。再运用 XRF（X Ray Fluorescence，X 射线荧光）对上述六处干扰痕迹与文物主体进行了成分检测，如图 3、4 所示，结果显示六处干扰部分与主体的铜锡铅的含量基本相同。综合 CT 与 XRF 两项测试可见，这件青铜斝虽有多处改制，但改制部分并没有添加非原器的后期增补材料。

再通过显微镜对器腹内底部的铭文观测发现，腹内的铭文字口边缘粗糙，笔画底部不平整有明显伪刻痕迹。

一系列观测与分析的结论可以判断，此件商晚期斝可能是因为埋葬原因，出土时三足与二柱残缺严重，而旧时古董商人非但没有进行正确的修复，反而将其三足与两枚柱头的残存全部切割与打磨掉。

“改制”文物一直是旧时古董行业的潜操作，古董行业在追求利益最大化的情况下，将残破的文物在无法修复的情况下进行破坏性“改制”，其方法包括切割、重组、拼凑、增加纹

图 3　XRF 无损检测青铜斝六处的成分。

序号	样品测试位置	铜/%	锡/%	铅/%
1	足部1	84.71	11.85	1.08
2	足部2	84.61	13.33	1.16
3	足部3	82.02	11.93	4.42
4	铭文	83.60	12.62	0.50
5	柱头1	80.87	14.95	1.20
6	柱头2	80.02	14.16	1.69
7	器身	79.70	13.60	3.10

图 4　XRF 检测六处干扰部分与器身铜锡铅含量对比。

饰与文字等，属于文物伪造的一种类型。

此件商晚期“改制”斝正是这一时期古董商采用“真器改造”和“真器作伪铭”这两种典型作伪手段结合的案例。由于此斝器形为鼓腹束颈，腹底不易錾刻，作伪者不惜以破坏真器为代价，在器腹底部切下 90mm × 35mm 的矩形铜片，待细心錾刻完成铭文后再焊接回原处，继而将焊接痕迹作色隐去。作伪者费尽周折，是为了使得这件伪器更具可信度。此“改制”斝正是研究这一时期中国传统文物修复史极有意义的实物证据。（图 5）

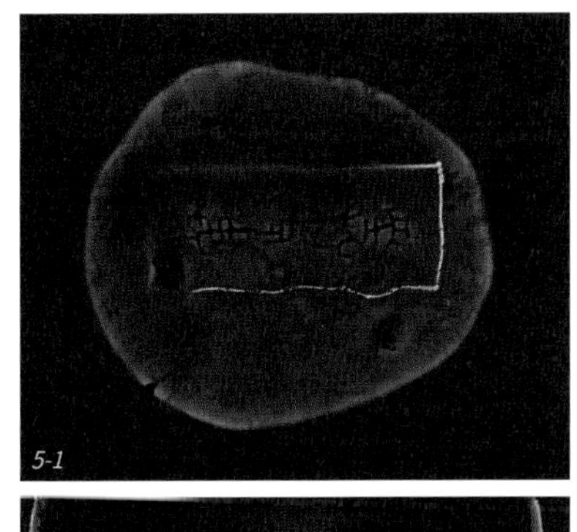

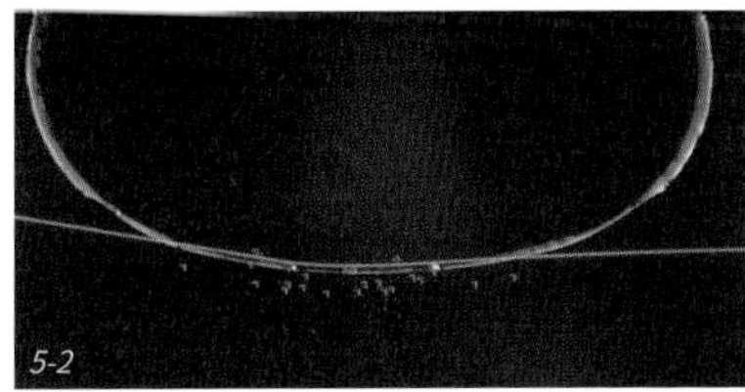

图 5　CT 扫描影像下显示出加刻的铭文。

（二）修复方案制定

器物病害原因虽已找到，但修复过程仍是一波三折。因原器三足二柱全部缺失，国内出土虽有类似器型，但因体形比例、纹饰风格差异太大而没有找到适合缺失部分的尺寸依据。按照文物修复保护的原则，修复师不能在没有依据的情况下，对文物进行盲目修复，不伪造文物的美学、概念以及物质特征。因此在没有依据的情况下，宁可暂时不修复。最终在机缘与努力下，原上海博物馆青铜部主任周亚先生在日本神户白鹤美术馆找到了一件与上博残斝形制几乎一样的完整器型—商代晚期兽面纹斝（图 6）。斝通高 23cm，口径 150mm，腹径 180mm，圆形，敛口，鼓腹，口上一对立柱，菌顶，腹一侧有兽首錾，三棱锥状足（商代晚期足部铸造采用封范技术，即这三足看似实心，实则是内置悬范的中空金属结构），腹饰两周不同式样的兽面纹，无铭。此件无论形体比例与纹饰风格都与上博此件残斝极为接近，为修复提供了有力的依据。

图 6　日本白鹤美术馆收藏的商晚期兽面纹斝。

由于“改制”文物具有时代特殊性，因此在制定此件“改制”

青铜器的修复方案时，尽可能尝试保留其具有研究价值的"改制"痕迹，要想做到这点就必须采取一系列不同于传统修复的方法，这也是对中国传统"完美复原式"的青铜器修复方式的一些探索。

图 7　3D 扫描获取"改制"斝的精确立体三维数据。

图 8　利用软件对此件残斝进行三足与二柱的数码创建。

二　可拆卸式配缺结合 3D 打印的应用

（一）打印配缺

间接快速铸造，是通过 3D 打印技术制作蜡模进行数熔模铸造。它取代了传统铸造配缺时需要使用的石膏模、树脂模等中间步骤，还可以避免传统铸造配缺中从塑形、翻模、注蜡以及铸造等过程间出现的多次体量收缩而产生的成品误差。在间接快速铸造中，这系列收缩误差可以轻松地通过计算机直接释放比例后再直接进行熔模铸造，使得文物修复配缺更为精准。

修复师根据此件"改制"文物的特性，综合各项技术的特点，最终采用与原来器物铸造的金相更为接近间接快速铸造的方法，通过 3D 打印技术打印蜡模，再进行熔模铸造配件。

通过蓝光 3D 扫描获取"改制"斝的精确三维数据（图 7），根据日本神户白鹤美术馆收藏的商晚期兽面纹斝的数据资料，运用 SOLIDWORKS 软件对此件残斝进行三个中空足与二柱的数码创建（图 8）。创建后的配件可以完美地模拟出器物的铸造细节，数字化配件可以通过 3D 打印机直接输出蜡模。在传统青铜器配缺修复的工序中，从泥模塑型到石膏翻模，再到石膏注蜡，最后到失蜡铸造，这几个模型转换的环节都会产生不同程度的收缩，尤其是注蜡的与铸铜的收缩比例累计可高达 10%。这就要求在传统配缺修复的开始，就要将这样的收缩比计算在内，也就相当于将原模型在制作过程中放大 10% 左右，这需要修复人员掌握足够的经验与技巧。现在通过计算机建模后直接输出蜡模，同时可以依据蜡模铸铜的收缩比将打印的蜡模精确地等比放大，避免了传统修复中模型材质反复周转的收缩误差。此次采用的蜡模打印技术是光固化 LCD 掩膜技术（LCD masking），是利用LCD 作为光固化光源的技术（图 9）。这是继传统的光固化打印 SLA 激光扫描和 CLIP 数字投影等光固化成形技术后更进一步的改良技术，其高精度、结构简单、耗材通用性强、打印成本低廉等优点是光固化 LCD 掩膜技术最大的亮点。

图 9　面成形 LCD 掩膜技术打印的柱头蜡模。

（二）无损装配

通过建模等比放大 2% 蜡模，在熔模失蜡法（图 10、11）铸造后收缩得以补偿，配件与器物残缺部分完全吻合。在接下来的安装配件的过程中采用了可拆卸钕磁铁无损安装的方法。钕磁铁（Neodymium magnet）也称钕铁硼永磁材料，是以金属间化合物 Nd_2Fe1_4B 为基础的永磁材料。主要成分为稀土元素钕 (Nd)、铁（Fe）、硼（B）。在准备安装配缺的三条锥足与两枚柱头内部用环氧树脂粘接安装第三代钕磁铁，第三代永磁钕铁硼是当代磁体中性能最强的永磁体。此次修复在每条足里使用了 20mm × 5mm N35 圆形钕铁硼磁铁，根据吸力公式：体积 × 密度 ×600 倍 = 吸力，也就是说每条腿上 N35 磁铁可以吸附 7000 克左右的物件，而实际单足重量只有 390 克。

图 10　采用失蜡法对 3D 打印的蜡模进行铸造。

在器腹外侧底部三足对应的位置粘接一片厚度为 0.3mm、直径为 15mm 的薄铁片，铁片面积虽局部遮挡空心锥足断面的部分中心，但对于重要的空心锥足断口信息的保留没有任何影响。同样，在安装柱头的位置，配合柱头连接面形状的中心，粘接一片厚度 0.3mm、长 8mm、宽 5mm 的薄铁片。通过足内以及柱头中强磁铁吸附，使得配缺件牢固地吸附在器身上断

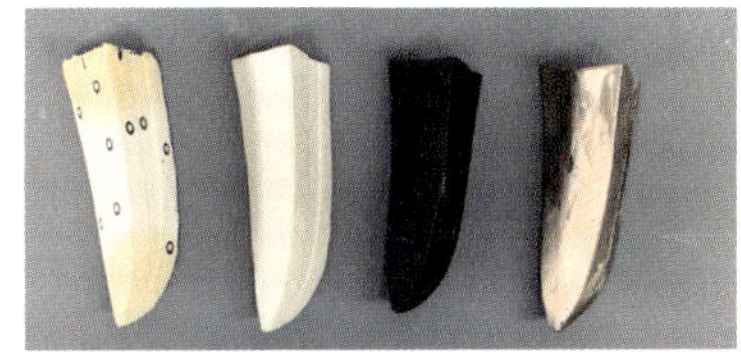

图 11　上排自左到右依次为：石膏模型、3D 打印白膜、3D 打印的蜡模、铸造后青铜铸件。下排自左到右依次为：石膏模型、3D 打印的蜡模、铸造的青铜铸件、作色后的青铜铸件。

损的位置。其强大吸力即可将原本质量不重的空心足与柱头配件牢固地吸附于器物。安装后的青铜斝可以稳定地站立，附件又可随时拆卸，快速还原成最初状态（图 12、13）。虽然肉眼观测磁力吸附牢固，不过出于文物安全考虑，在后期展陈时会在器物腹部下制作独立的支撑架，承托器物重量，以消除因器身自重、斝足外撇的受力角度以及滑动摩擦力等因素对文物造成的安全隐患。

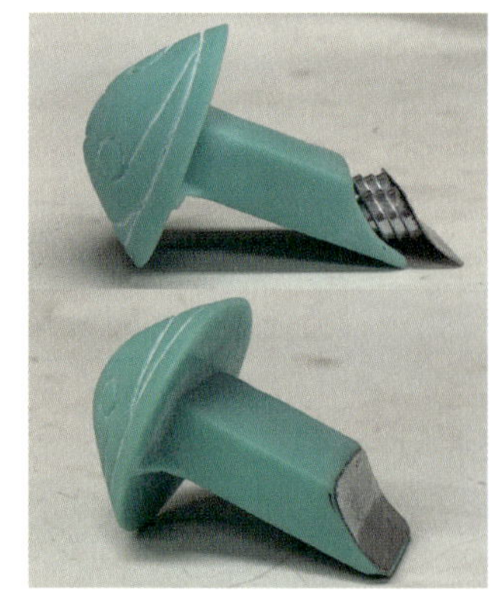

图 12　柱头内钕磁铁安装示意图。

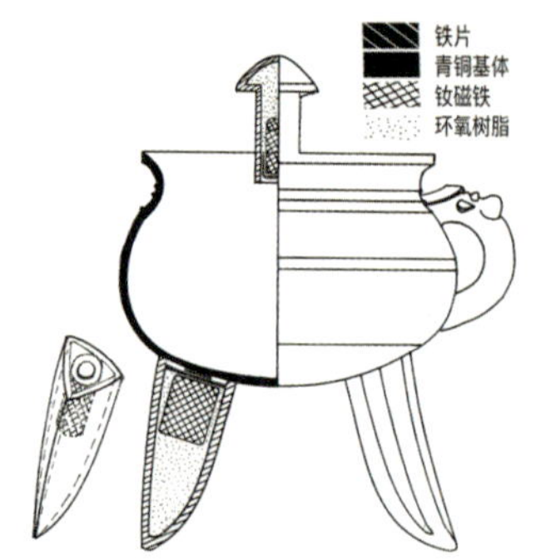

图 13　可拆卸式配缺安装图。

（三）结论

采用 3D 打印结合铸造的配缺方法，配合可拆卸配件安装的修复方案，是对传统青铜文物修复的一种尝试，使得中国的传统修复更符合现代文物修复保护的理念与原则。（图 14、15）

①对文物主体的最小干预性，保留原有的时代修复痕迹，为研究提供有力的素材。

②采用无损可拆卸的装配方式，达到一定程度的可逆性，轻松还原器物原貌。

③运用数码建模直接 3D 打印输出蜡模，同时可以依据蜡模铸铜的收缩比将打印的蜡模精确地等比放大，改善了传统修复中模型材质反复周转的收缩误差。

④补缺部分与原件的可辨识性，既还原了器物原本的形制与功能要求，又保留了文物现状，为文物修复意义的推广与普及提供有力的案例。

图 14　利用可拆卸式配缺结合 3D 打印铸造修复完成的商晚期兽面纹斝。

图 15　轻松拆卸的可拆卸式配件。

案例三：石膏分型模具的制作

石膏分型模具是一种古老的传统模具，因其具有成型快、稳定性好、绿色环保、价格便宜、资源丰富等优点，因此也是青铜器修复与复制中使用最普遍的模具。由于青铜器造型丰富、结构复杂，因此在实际青铜器的修复与复制中运用石膏分型模具，就需要修复师具备熟练的技巧与随机应变的能力。

石膏分型模具的工艺过程并不复杂，大致为：①定位分型—②顺型围区—③隔离模具—④浇注石膏— ⑤修整模块—⑥榫卯定位。

①定位分型

在开始操作前对器物进行合理的定位分型计划，是石膏分型模具的最重要的步骤。 高点走线是石膏分型模具的原则。无论器物造型复杂程度，一般先把它分为上、下、左、右、前、后六大区，再根据每个大区内不同的造型划分小分型面模块。一般是以大分型面模块夹裹小分型面模块，小模块间参差有序，使得模具中每一块小模块都稳固地包含在大模具内部，而不会脱落，掉入模具空腔内。在设计模具的每一块分型模块边缘时，应尽量避免出现狭窄的锐角，这样可以延长分块模具使用的寿命。总之，在模具分型设计中，在确保每一片分块模具都能安全取下的前提下，模具分型的数量越少越佳。

②顺型围区

在确定了分型后，顺着计划的分型线“围区”就是为了确定分型模块的边界。“围区”一般采用可塑性好的油性橡皮泥，将事先搓成条状的橡皮泥沿着分型线围成橡皮泥“围墙”。细部形状角度可以借助各形状的雕塑工具来塑形。为确保每块模块的合理准确定位和兼顾左右前后模块的依靠，“围区”的范围必须略微扩大一点“围度”，以便为后面的修整工作留下余地。

③隔离模具

隔离模具就是对“围区”内的翻模部分涂抹隔离脱模剂，传统最有效的脱模剂是皂液。使用有弹性的笔刷蘸取浓肥皂水，均匀涂于“围区”内的每一个地方。皂液涂刷的光滑程度直接影响后期浇注的石膏模具的表面光滑度与准确性。（图 1）

④浇注石膏

水与石膏粉以大约 1:1.4 的比例均匀调配，搅拌调匀后倒入橡皮泥圈驻的“围区”内。（图 2）

⑤修整模块

待石膏凝固，拆去围墙，用木锤轻击取下分型模块。用铲刀沿着分型线切削分型模块，切削时注意每个模块的界面角度尽量大于 90°，可以减少模块边缘的损坏。（图 3）

⑥榫卯定位

根据之前的方法，逐块递进，在每个分型模块衔接的立面上刻制不同形状的榫头，可以防止模块间的位移，也便于模块间的连接与辨认。靠榫卯定位和前后对称挤压紧靠，一般“上下”模块压住“左右”模块，最终最外侧大模块套压住所有这个大区的小模块，这样在合模浇铸时，内部各方向的分型小模块才不至于松动或脱落。（图 4）

下面以笔者的恩师、上海博物馆青铜器修复与复制第三代传人黄仁生老师制作的商代鸮卣分型模具为例，展现了分型合理性与熟练翻模技术的完美组合。（图 5）

图 1　在分型模内均匀涂刷隔离剂。

图 2　浇注石膏时应注意由稀到稠，由细到粗。

图 3　木锤轻击脱模。

图 4　每一块分型模上必须做好卯榫标记。

图 5　上海博物馆藏商代晚期“戈”鸮卣。

商代晚期“戈”鸮卣石膏分型模具图解

图 1　鸮卣盖。

图 2　鸮卣盖模外形。

图 9　鸮卣盖外模石膏分型模具数量

图 3　分型内模与外模套叠。

图 4　完全打开的内模与外模。

图 5　外模采用大模块套压小模块。

图 6　根据器型合理设计内模分型。

图 10　鸮卣身模外形。

图 12　口小腹宽的卣体内模采用不等

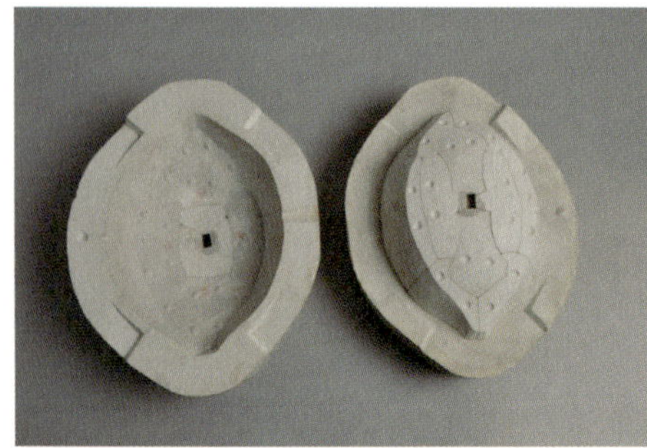

图 7　小模块之间采用榫卯结构标注。

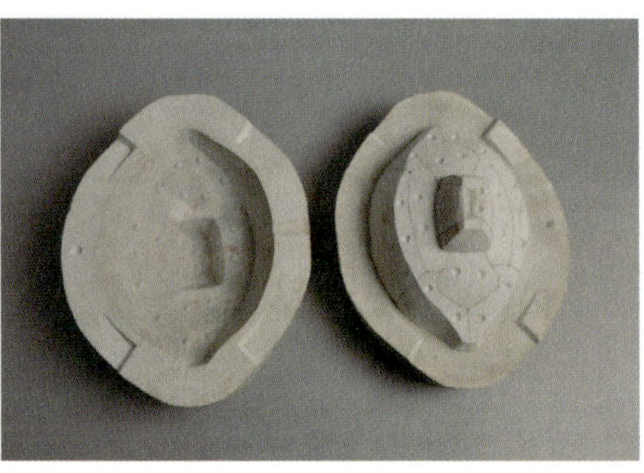

图 8　鸮卣盖尖独立分为四块。

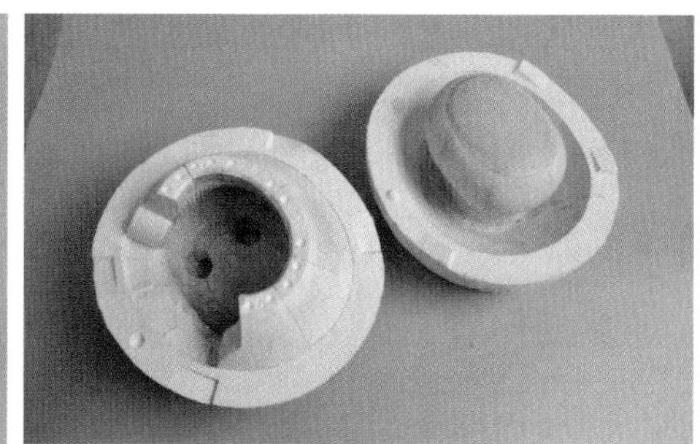

图 14　卣身的三段式分型外模。

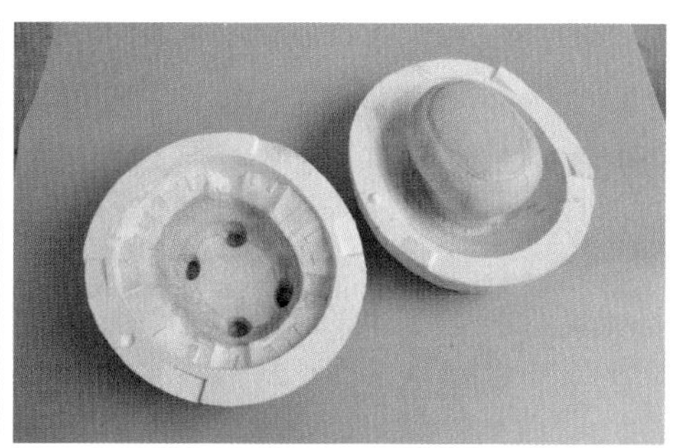

图 15　三段式外模相互叠压嵌合。

图 16　鸮身按前后左右分为四大区，每一区又分为上中下三段式。

图 17　采用独立四块分型模具解决鸮卣四足内凹脱模问题。

分型内模与外模套叠。

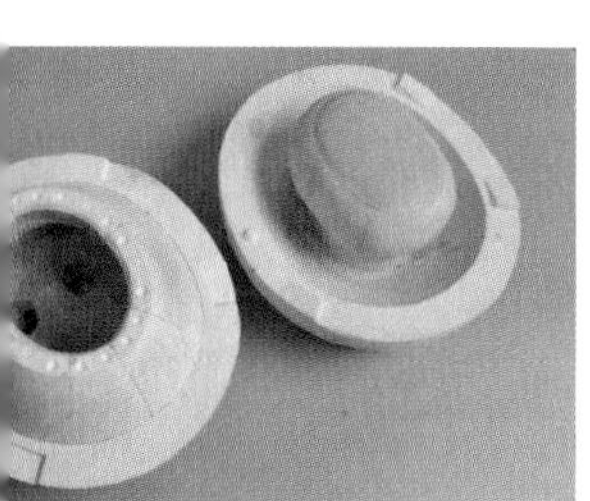

完全打开的内模与外模。

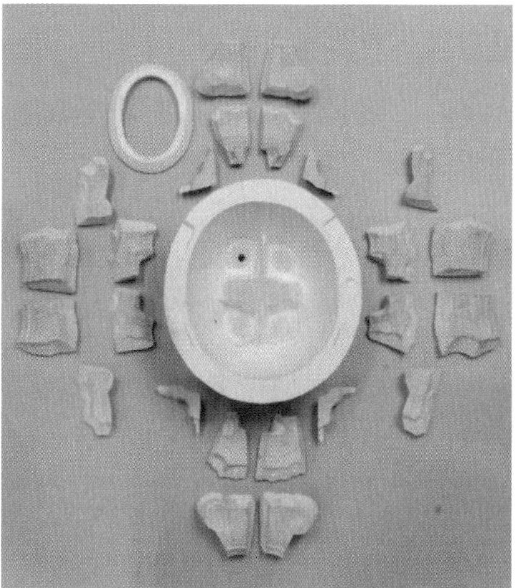

图 18　鸮卣身外模石膏分型模具数量为 26 块。

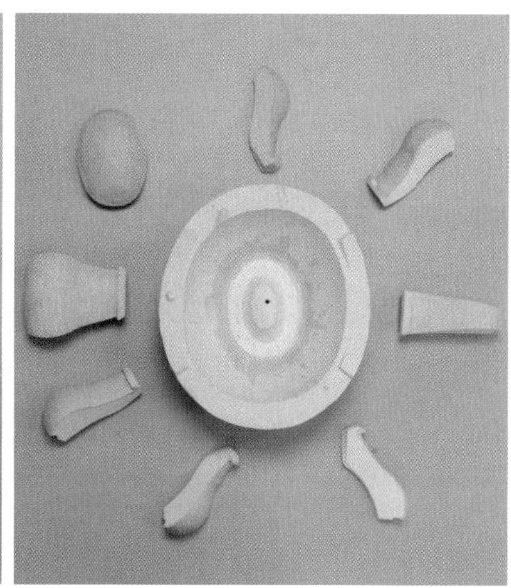

图 19　鸮卣盖内模石膏分型模具数量为 9 块。

图 20　黄仁生老师指导分型石膏模具的技巧与方法。

图 21　师徒制传承体系是中国优秀传统技艺传承的重要组成部分。

参考文献

[1] 高英 . 北京古代铜器修复行业（古铜张派） 的起源和发展 [M]. 油印本

[2] 刘煜 . 试论殷墟青铜器的分铸技术 [J]. 中原文物，2018，第 5 期：82-89.

[3] 郑立超 . 河南义马上石河春秋墓地 M35 出土铜及相关问题 [J]. 中原文物，2019，第 4 期 .

[4] 胡金兆 . 百年琉璃厂 [M]. 北京：当代中国出版社，2006.

[5] 大卫·斯考特 . 艺术品中的铜和青铜：腐蚀产物、颜料、保护 [M]. 马清林，潘路等译 . 北京：科学出版社，2009.

[6] 赵汝珍 . 古玩指南 [M].

[7] 董子俊，翟慧萍，杨相宏 . 文物鉴定与鉴赏 [J]. 2019，第 8 期 .

[8] 华觉明 . 中国古代金属技术 —— 铜和铁造就的文明 [M]. 郑州：大象出版社，1999.

[9] 赵振茂 . 青铜器的修复技术 [M]. 北京：紫禁城出版社，1988.

[10] 鲁道夫·阿恩海姆 . 艺术与视知觉 [M].

[11] 敖琳 . 阿恩海姆的艺术“张力”理论 —— 在艺术作品中的形式解读 [J].

[12] 殷晓克 . 打破构图的平衡感 [J]. 2013.

[13] 中华人民共和国文物保护标准汇编（一）[M]. 北京：文物出版社，2010.

[14] 中华人民共和国文物保护法实施条例，2003.

[15] 中华人民共和国文物保护法，2015.

[16] 中国大百科全书·文物博物馆卷 [M]. 北京：中国大百科全书出版社，1993.

[17] 国际古迹保护与修复宪章，1964 年威尼斯宪章 .

[18] 保护世界文化与自然遗产公约，1972.

[19] 奈良真实性文件，1994.

[20] H·G·卜伦德莱斯，古物及艺术品的保养 [M]，北京图博口文博翻印 .

[21] 国家文物局博物馆司 . 文物科学技术成果应用指南 1981-1999[M]. 2000.

[22] 马里奥·米凯利，詹长法主编．文物保护与修复的问题 [M]. 北京：科学出版社，2005.

[23] 切萨雷·布兰迪．文物修复理论 [M]. 意大利非洲与东方研究院，2006.

[24] 萨尔瓦多·穆尼奥斯·比尼亚斯．当代保护理论 [M]. 张鹏等译．上海：同济大学出版社，2012.

[25] 中国文物保护技术协会编．文物保护技术 1981-1991[M]. 北京：科学出版社，2010.

[26] 潘路．青铜器保护简史与现存问题 [C]. 文物科技研究（第二辑）. 北京：科学出版社，2004.

[27] 可移动文物保护修复室规范化建设与仪器装备基本要求（GB/T30238-2013）[S]. 2014.

[28] 联合国教科文组织编．文物保护工作中的适用技术 [M]. 北京：中国对外翻译出版社，1985.

[29] 朱凤瀚．古代中国青铜器 [M]. 天津：南开大学出版社，1995.

[30]D. 安戈纳尔．青铜器的修复 [C]. 修复与保护．陕西省考古研究所编，1996.

[31] 王丽琴．文物保护技术无机质文物部分 [R]. 西北大学文博学院，2001.

[32] 郭宏．文物保存环境概论 [M]. 北京：科学出版社，2001.

[33] 许淳淳，潘路．金属文物保护全程技术方案 [M]. 北京：化学工业出版社，2012.

[34] 国家文物局博物馆与社会文物司主编．博物馆青铜文物保护技术手册 [M]. 北京：文物出版社，2014.

[35] 陈建立．中国古代金属冶铸文明新探 [M]. 北京：科学出版社，2014.

[36] 中国社会科学院考古研究所文化遗产保护研究中心编．文物保护修复理论与实践 —— 金石匠学之路 [M]. 科学出版社，2014.

[37] 容庚 . 商周彝器通考 [M]. 中华书局，1941.

[38] 马承源 . 中国青铜器 [M]. 上海古籍出版社，1988.

[39] 上海博物馆青铜器研究组编 . 商周青铜器纹饰 [M]. 北京：文物出版社，1984.

[40] 谭德睿 . 艺术铸造 [M]. 上海交通大学出版社，1996.

[41] 董亚巍 . 范铸青铜 [M]. 北京艺术盂科学电子出版社，2006.

[42] 李约瑟．中国科学技术史·第四卷天学 [M]. 北京：科学出版社，1975.

[43] 李学勤 . 青铜器与古代史 [M]. 台北：联经出版事业股份有限公司，2005.

[44] 戴克成 . 读懂中国青铜器 [M]. 江苏：译林出版社，2016.

[45] 刘雨，汪涛 . 流散欧美殷周有铭青铜器集录 [M]. 上海 : 上海辞书出版社，2007.

[46] 上海博物馆 . 认识古代青铜器 [M]. 台北：艺术家出版社，1995.

[47] 南京博物院编 . 青铜器修复与仿古技艺论文集 [M]. 江苏：译林出版社，2016.

[48] 李学勤 . 欧洲所藏中国青铜器遗珠 [M]. 北京：文物出版社，1995.

[49] 陈佩芬 . 夏商周青铜器研究—上海博物馆藏品（夏商篇）[M]. 上海：上海古籍出版社，2004.

[50] 王文昶 . 青铜器辨伪三百例 [M]. 北京：故宫出版社，2009.

[51] 泉屋博古馆编 . 泉屋透赏 [M]. 北京：科学出版社，2015.

[52] 马鸿藻 . 考古器物绘图 . 北京：北京大学出版社，2010.

[53] 程长新，程瑞秀，王文昶 . 铜器辨伪浅说 [M]. 北京：文物出版社，1991.

[54] 白鹤美术馆 . 白鹤英华，白鹤美术馆名品图录 [M]. 昭和 53 年 .

[55] 林巳奈夫 . 殷周时代青铜器の研究：殷周青铜器综览（一）图版 [M]. 东京，1984.

[56] 林巳奈夫 . 春秋战国时代青铜器の研究：殷周青铜器综览（三）[M]. 东京，1989.

[57] 国家文物局博物馆与社会文物司主编 . 博物馆青铜文物保护技术手册 [M]. 北京：文物出版社，2014.

[58] 郭宏．文物保存环境概论 [M]. 北京：科学出版社，2001.

[59] Nathan Stolow. 博物馆藏品保护与展览 [M]. 宋燕等译 . 北京：科学出版社，2010.

[60] Garry Thomson. 博物馆环境 [M]．范宇权等译．北京：科学出版社，2007.

图书在版编目（CIP）数据

中国古代青铜器保护与修复 / 张珮琛著．—上海：上海人民美术出版社，2021.8

（中国文物鉴定与修复丛书）

ISBN 978-7-5586-2109-3

Ⅰ．①中… Ⅱ．①张… Ⅲ．①青铜器(考古)-文物保护-研究-中国 ②青铜器(考古)-器物修复-研究-中国 Ⅳ．①K876.41

中国版本图书馆CIP数据核字（2021）第116330号

中国文物鉴定与修复丛书

中国古代青铜器保护与修复

著　　者：张珮琛

总 策 划：邱孟瑜

策划编辑：张旻蕾

图文策划：张旻蕾

责任编辑：潘志明

整体设计：饶正杉　卢鹏阳

技术编辑：史　湧

出版发行：上海人民美術出版社

（上海市闵行区号景路159弄A座7F　邮编：201101）

印　　刷：上海丽佳制版印刷有限公司

制　　版：上海立艺彩印制版有限公司

开　　本：787×1092 1/16 14.5印张

版　　次：2021年12月第1版

印　　次：2021年12月第1次

书　　号：ISBN 978-7-5586-2109-3

定　　价：218.00元